# STIMMFÜHRUNG AUF DER JAZZGITARRE

Kreative Stimmführung & Akkordsubstitution für Jazz-Rhythmusgitarre

JOSEPH ALEXANDER

FUNDAMENTAL CHANGES

# Stimmführung auf der Jazzgitarre

**Kreative Stimmführung & Akkordsubstitution für Jazz-Rhythmusgitarre**

Veröffentlicht von **www.fundamental-changes.com**



ISBN: 978-1-78933-113-4



**www.fundamental-changes.com**

*Die Hörbeispiele in diesem Buch stehen zum kostenlosen Download unter **www.fundamental-changes.com** zur Verfügung.*

*Klicke einfach auf den Link „Audio herunterladen“ oben auf der Seite.*

Großer Dank an den wunderbaren Pete Sklaroff für die Aufnahme der Audios und seine ewige Geduld und Unterstützung beim Schreiben dieses Buches.



Mit besonderem Dank an David Sere für die wertvolle redaktionelle Mitarbeit.

# Inhaltsangabe

# Einführung

Dieses Buch befasst sich mit der Kunst der sanften, musikalischen Stimmführung auf der Jazz-Rhythmusgitarre. Auch wenn es als eigenständiger Leitfaden für das Jazz-Rhythmus-Gitarrenspiel gedacht ist, könnte dieses Buch eine große Herausforderung für dich darstellen, sofern du nicht bereits mit einigen Arten von Jazzgitarren-Akkordstrukturen (wie Drop 2- und Drop 3-Voicings) vertraut bist. Ich empfehle dringend, dieses Buch in Verbindung mit meinem anderen Buch **Jazz Guitar Chord Mastery** durchzuarbeiten.

Das Ziel dieses Buches ist es, dich dazu zu bringen, darüber nachzudenken, wie sich die Intervalle auf der Gitarre fließend bewegen, wenn sich die Akkorde in einer Jazzmelodie ändern. Die Idee ist, möglichst wenige Noten aus deinem aktuellen Akkord zu verschieben, um ein reiches, interessantes Voicing für den nächsten Akkord zu bilden. Das ultimative Ziel ist es, komplette Jazzstandards spielen zu können, ohne um das Griffbrett herum springen zu müssen, und dass jede Note oder *Stimme* so sanft wie möglich bewegt wird.

Im Jazz gibt es viele mögliche *Erweiterungen und Alterationen*, die auf jedem Akkord angewandt werden können, und du wirst lernen, schnell alle verfügbaren musikalischen Möglichkeiten für jeden Akkord zu finden, um sie nahtlos in dein Spiel zu integrieren. Es kann eine gewaltige Aufgabe sein zu lernen, solche Erweiterungen in deine Musik zu integrieren, doch wir geben dir hier viele Tipps wie du sie logisch in Praxis umsetzt.

Dieses Buch behandelt auch viele nützliche *Akkordsubstitutionen* mit großem Fokus auf das Konzept der *Sekundärdominanten.* Durch die Verwendung von Substitutionen ist es möglich, eine reiche, nahtlose Fläche aus Akkord-Voicings zu erstellen, die schön und mühelos klingt.

Akkordsubstitutionen werden natürlich in dein Vokabular eingeführt und angewandt, wenn es musikalisch angemessen ist. Die gängigsten Substitutionen werden mit Erklärungen darüber gelehrt, warum sie funktionieren und wann sie verwendet werden.

Sekundärdominante Akkorde sind etwas komplex, aber es wird mit vielen Beispielen besonders hervorgehoben, wie du diese kreativen Mittel in deine Jazzgitarren Begleitung einbinden kannst.

Aufbauend auf dem Konzept der Sekundärdominanten untersuchen wir auch die Konzepte hinter Tritonussubstitutionen und einige ihrer fortgeschrittenen Anwendungen. Auf diese Weise eröffnen wir viele Voicing-Möglichkeiten und einige schöne Wege, zwischen ansonsten „üblichen" Jazzakkordwechseln zu navigieren.

In diesem Buch wird darauf geachtet, dass jedes Konzept musikalisch, relevant und vor allem praktisch ist. Jedes Beispiel basiert auf einem von zwei geläufigen Jazzstandards, und obwohl ich aus urheberrechtlichen Gründen nicht jedes Stück benennen kann, nennen wir diese Standards einfach *Bella by Barlight* und *Some of the Things You Are.*

Die Akkordfolgen für diese Lieder werden dekonstruiert und mit viel Liebe zum Detail erklärt. Der Schwerpunkt liegt dabei darauf, dir die wichtigsten Konzepte der Stimmführung beizubringen und gleichzeitig deinen Überblick auf der Gitarre und dein musikalisches Gehör zu entwickeln. Bald wirst du anfangen, den Gitarrenhals in Bezug auf Intervalle und Möglichkeiten zu sehen, anstatt dich auf die Standard-Akkordgriffe zu beschränken, die du wahrscheinlich verwendest.

Das eine Prinzip, das die Art und Weise, wie du Jazzgitarre spielst, völlig revolutionieren wird, ist zu lernen, den Gitarrenhals nur in Form von *Intervallen zu* sehen. Während es nicht falsch ist, einen B7-Akkord so zu sehen:

Bb7

Ist es viel nützlicher, ihn so zu sehen:

Bb7

Während du jedoch durch dieses Buch voranschreitest, wirst du lernen, ihn so zu sehen:

Bb7

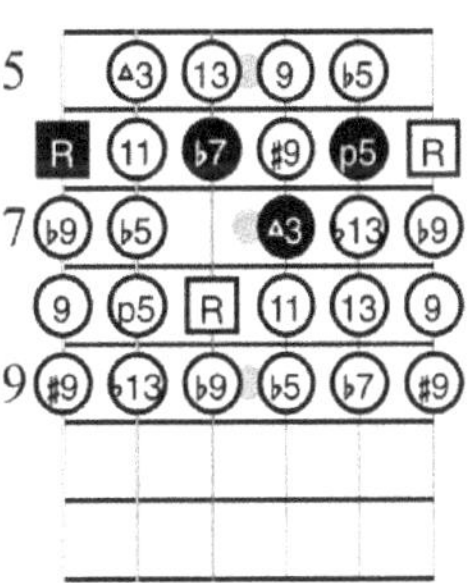

Was einem klar werden muss, ist, dass alle diese Erweiterungen die meiste Zeit verfügbar sind und sie natürlich und häufig in der Jazz-Rhythmusgitarre verwendet werden.

Wir werden Erweiterungen und Alterationen in späteren Kapiteln behandeln, aber im Moment musst du nur wissen, dass ein wesentliches Ergebnis des Studiums dieses Buches darin besteht, dass du anfangen wirst, „die Matrix" zu sehen und den Gitarrenhals als eine Palette von Intervallen oder Farben zu betrachten, mit denen du Klänge malen kannst.

Der springende Punkt dieses Buches ist es, dir beizubringen, den Hals als eine kontinuierliche, fließende Folge von Intervallen zu sehen, die sich mit jedem Akkord ändern. Das vorherige Diagramm zeigt beispielsweise den Hals aus der Sicht eines Bb7-Akkords. Alles ändert sich, wenn wir den Hals um einen Eb7-Akkord sehen:

Eb7

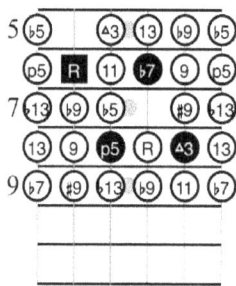

Diese Diagramme mögen komplex erscheinen, aber dieses Sehvermögen entwickelt sich natürlich mit Zeit, Arbeit und Geduld.

Ich möchte dich nicht abschrecken, besonders nicht in der Einleitung, also vertraue einfach darauf, dass diese Art von Erkenntnis etwas ist, das allmählich wächst, während du an anderen Dingen arbeitest.

Ich erwähne all dies jetzt, weil ein grundlegendes Prinzip der Harmonie darin besteht, dass *man sich oft zwischen zwei scheinbar unabhängigen Akkorden bewegen kann, indem man nur ein oder zwei Noten bewegt.* Wenn man „normale“ Gitarrenakkorde spielt, kann dies schwer zu erkennen sein, da man große Entfernungen zurücklegen kann, aber wenn man die Stimmführung studiert, kann man sehen, wie eng viele Akkorde miteinander verbunden sind. Der Trick besteht darin, zu sehen, welche Noten sich bewegen müssen und welche Noten gleichbleiben können.

Wichtig ist auch zu verstehen, dass Grundtöne in der Regel optional sind. Normalerweise wird sich ein anderes Instrument um den Grundton kümmern, aber selbst, wenn sie es nicht tun, reicht die Stärke der musikalischen Idee normalerweise aus, um es dem Publikum zu ermöglichen, die Harmonie zu hören und zu fühlen.

Durch das Weglassen des Grundtons befreien wir unsere Finger, um schöne Erweiterungen zu erreichen und die Stimmführung zwischen den Akkorden so kurz wie möglich zu halten.

Zum Beispiel, statt Fm7 nach Bb7, so zu spielen ...

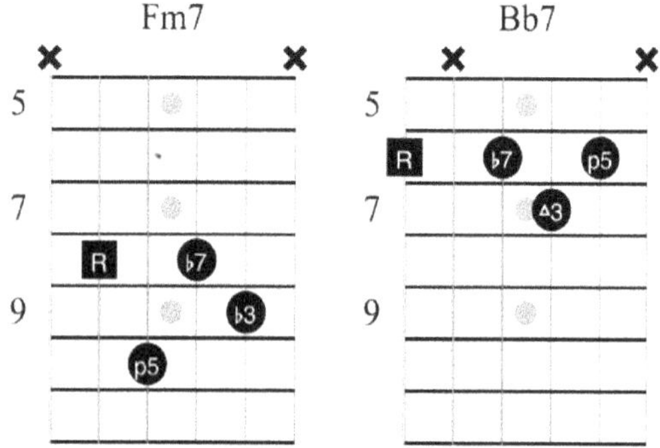


... können wir lernen, Voicings wie die folgenden zu spielen, indem wir Akkorde ohne Grundton mit Erweiterungen kombinieren, während wir die harmonische Funktion jedes Akkords beibehalten.

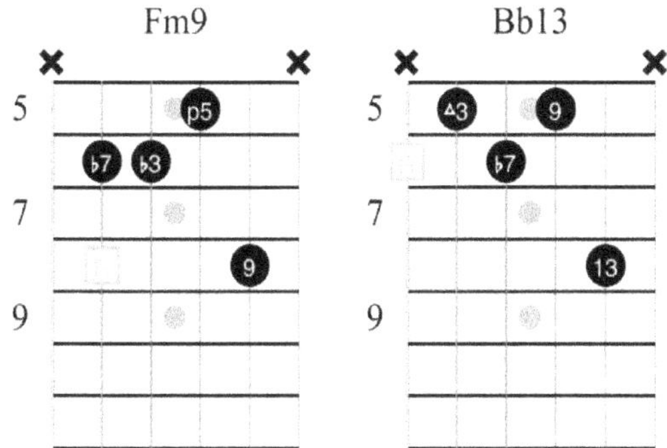


Alle wesentlichen Bestandteile jedes Akkords bleiben erhalten, aber die Voicings sind reicher und die Stimmführung ist weicher, da sich nur eine Note zwischen jedem Akkord bewegt.

Diese Art von Übersicht und Verständnis erfordert die richtige Art von Praxis, und genau das ist es, was dieses Buch dir beibringen soll. Die Beispiele bauen Kapitel für Kapitel von einfachen ersten Prinzipien auf, bis du auf deinen eigenen Weg der musikalischen Entdeckung geführt wirst. Dieses Buch lehrt dich viel, aber der wahre Spaß beginnt, wenn du jedes Konzept nimmst und es zu deinem eigenen machst.

Wie bei jedem Buch muss ich bestimmte Dinge über dein musikalisches Wissen annehmen. Es wird helfen, wenn du mit der Akkordkonstruktion und Akkorderweiterungen vertraut bist. Wenn es relevant ist, werde ich die Grundlagen in diesem Buch auffrischen, aber es wird dir helfen die Bücher „Guitar Chords in Context“ und „Jazz Guitar Chord Mastery“ zu beziehen, es sei denn, du hast bereits eine solide Grundlage in Harmonielehre.

Die Konzepte in diesem Buch sind nicht nur für das Jazzgitarren-Comping relevant, sie vertiefen auch dein Verständnis aller Bereiche der Musik und beeinflussen dein Jazzgitarren-Solospiel maßgeblich. Jede Akkord-Idee ist auch eine Solo-Idee: Spiele einfach das Arpeggio anstatt des Akkord-Voicings.

Viel Spaß dabei!

Joseph.

*Die Hörbeispiele in diesem Buch stehen unter www.fundamental-changes.com zum kostenlosen Download bereit. Klicke dazu einfach auf den Link „Audio herunterladen“ oben auf der Seite.*

# Hol dir das Audio

Die Audiodateien zu diesem Buch stehen unter www.fundamental-changes.com zum kostenlosen Download zur Verfügung. Der Link befindet sich oben rechts in der Ecke. Wähle einfach diesen Buchtitel aus dem Dropdown-Menü aus und folge den Anweisungen, um das die Audiodateien zu erhalten.

Wir empfehlen dir, die Dateien direkt auf deinen Computer, nicht beispielsweise auf dein Tablet, herunterzuladen, und sie dort zu extrahieren, bevor du sie zu deiner Medienbibliothek hinzufügst. Du kannst sie dann auf dein Tablett, deinen iPod legen oder auf CD brennen. Auf der Download-Seite gibt es ein Hilfe-PDF und wir bieten dir auch technischen Support über das Kontaktformular.

**Für über 350 kostenlose Lektionen mit Videos siehe unter:**

www.fundamental-changes.com

Über 10.000 Fans auf Facebook: FundamentalChangesInGuitar

Folge uns auf Instagram: FundamentalChanges

# Kapitel Eins: Einfache Pfade

Um unser Abenteuer in Stimmführung auf der Jazzgitarre zu beginnen, benötigen wir ein großes Repertoire an Akkordwechseln, die wir zerlegen können, um Beispiele aus der Praxis zu erstellen. Ich habe den Jazz-Klassiker Bella by Barlight gewählt, da er einige sehr interessante Harmonien enthält und es sich um einen geläufigen Standard handelt, der häufig bei Jazz-Jam-Sessions gespielt wird. Die Akkordwechsel zu Bella by Barlight sind wie folgt:

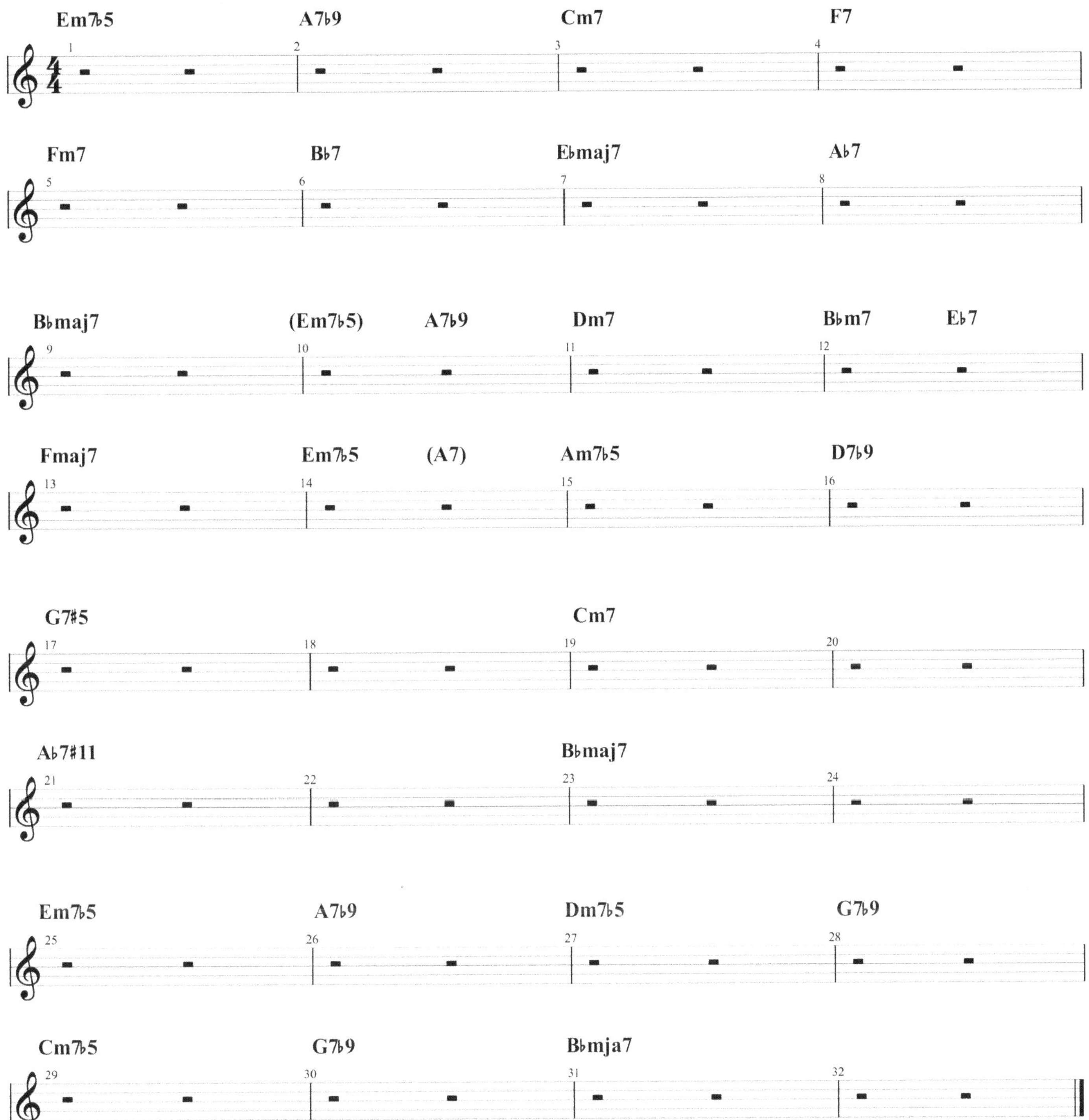

Um unsere Erkundung zu beginnen, werden wir uns darauf konzentrieren, einen Weg durch die Akkorde der ersten vier Takte der Melodie zu finden, indem wir einfache Stimmführung verwenden und alle möglichen Alterationen und Erweiterungen ignorieren.

Die Akkordfolge der ersten vier Takte ist:

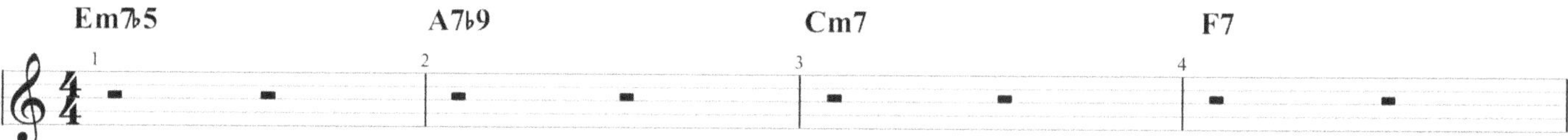


Das Ziel der ersten Übung ist es, diese Akkordwechsel durchzuspielen, wobei die Noten jedes Akkords auf den gleichen vier Saiten gehalten werden und sich jede Note beim Akkordwechsel so wenig wie möglich bewegt.

Bevor wir beginnen, lass uns die Intervallformeln für die gängigsten Arten von Jazz-Gitarrenakkorden zusammenfassen.

| Major 7 | 1 3 5 7 |
|---|---|
| Minor 7 | 1 b3 5 b7 |
| 7 | 1 3 5 b7 |
| m7b5 | 1 b3 b5 b5 b7 |

Beziehe dich auf diese Tabelle, wenn du dir nicht sicher bist, wie du einen der folgenden Akkorde konstruieren kannst.

Wir beginnen die Akkordfolge mit der folgenden ‘standard’ Em7b5-Form, obwohl du mit jedem komfortablen Voicing beginnen könntest:

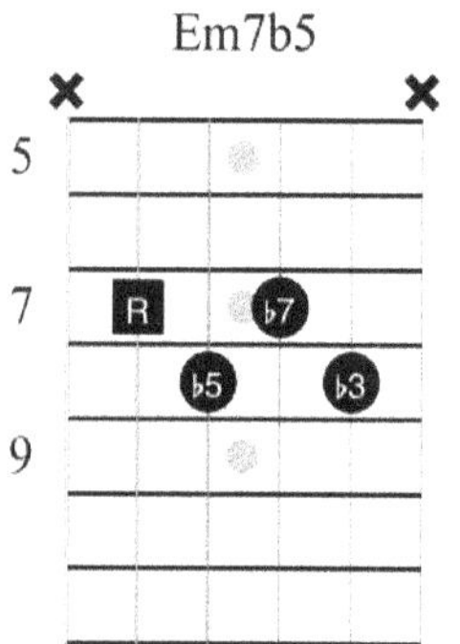


Nimm dir einen Moment Zeit, um dich mit der Position der einzelnen Intervalle des Akkords vertraut zu machen. Beachte wo sich der Grundton (R), die Intervalle 3, 5 und 7 auf dem Hals befinden.

Ziel ist es, so wenig Noten wie möglich beim Übergang von dem Em7b5 und den folgenden A7-Akkord zu bewegen und dabei die gleichen vier Saiten einzuhalten.

Wenn du „Jazz Guitar Chord Mastery“ gelesen hast, kennst du vielleicht bereits die folgende Akkordform für A7, aber versuche trotzdem jedes Akkordintervall nach Intervall zu bilden. Das mag zunächst ein wenig „schmerzhaft“ sein, aber der Nutzen wird sich schnell zeigen.

Der Grundton von A7 befindet sich auf dem 7. Bund der vierten Saite, aber man kann ihn durchaus schneller auf dem 5. Bund der sechsten Saite sehen (Versuche die Noten der vierten Saite gründlich zu lernen, da dies sehr hilfreich für deinen Spielfluss ist).

Visualisiere den Grundton, A, und füge dann die Intervalle hinzu, die erforderlich sind, um einen A7-Akkord zu bilden (die 3., 5. und b7). Das ist schwierig, aber sei hartnäckig und deine Fähigkeiten werden sich mit der Zeit entwickeln.

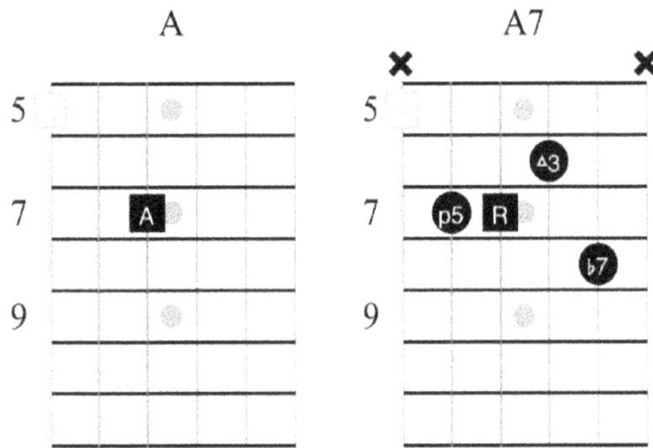


Wenn wir lernen Akkordstrukturen in Bezug auf ihre Intervalle zu sehen, werden bestimmte Dinge sehr deutlich. Frage dich, zum Beispiel, wie du den vorherigen A7-Akkord in einen AMaj7-Akkord verwandeln kannst.

Betrachte die Tabelle auf der vorherigen Seite und du wirst sehen, dass der einzige Unterschied zwischen A7 und AMaj7 darin besteht, dass A7 eine *kleine* Septime enthält (b7). Wenn du die b7 des A7 um einen Halbton erhöhst, erhältst du ein AMaj7-Akkord-Voicing.

Vergleiche die folgenden Punkte:

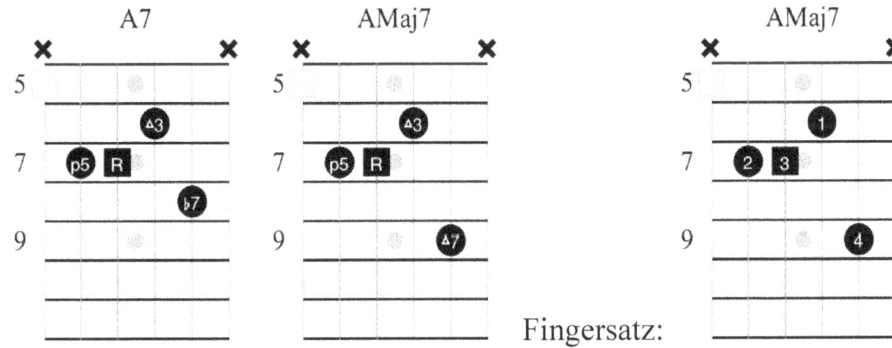


Das ist ein bisschen weit hergeholt, aber es ist ein großartiges Maj7-Voicing.

Nun, wie würdest du das A7-Voicing in ein Am7-Voicing verwandeln? Betrachte die Tabelle auf der vorherigen Seite noch ein Mal. Alles, was sich ändert, ist, dass die große Terz (3) abgeflacht wird, um eine kleine Terz (b3) zu werden. Dies ist in den folgenden Diagrammen zu sehen:

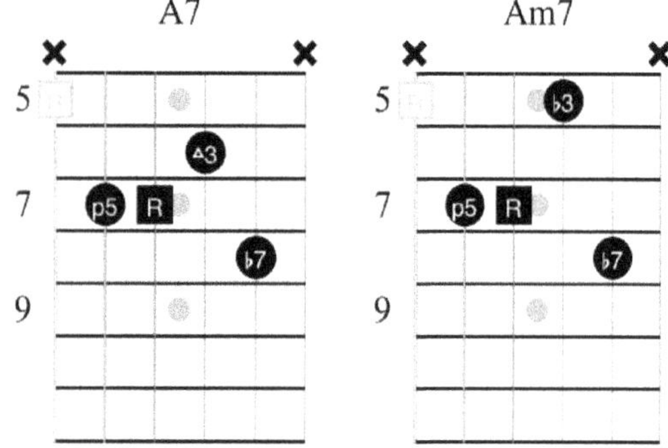


Diese Griffweise ist etwas gestreckt, aber es ist ein gängiges m7-Voicing. Sobald du die Formel eines Akkords kennst und weißt, wie du seine Noten auf der Gitarre anordnen kannst, ist es ist ein sehr einfacher Prozess, Formen, die du bereits kennst, anzupassen, um weitere Akkordtypen zu erzeugen.

Zurück zu Bella!

Vergleiche die Akkord-Voicings von Em7b5 und A7 und bemerke, wie ähnlich sie sind.

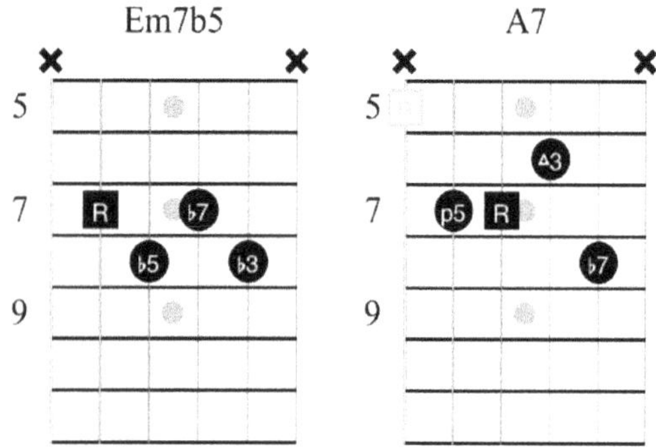


Der einzige Unterschied zwischen diesen beiden Akkorden besteht darin, dass die beiden *inneren Stimmen* von Em7b5 (die Noten auf den Mittelsaiten) beide um einen Halbton gesunken sind, um zum Grundton und der Terz von A7 zu werden.

Die Herausforderung für uns ist es zu lernen, unsere Wahrnehmung des Gitarrenhalses bei jedem Wechsel auf einen neuen Akkord, der uns einen neuen Grundton präsentiert, anzupassen.

Mit anderen Worten, wenn der Akkord Em7b5 ist, betrachten wir das Griffbrett in Bezug auf seinen Grundton (E) und seine relevanten Akkordtöne. Sobald der Akkord auf A7 wechselt, müssen wir unser Denken so anpassen, dass wir das Griffbrett in Bezug auf den neuen Grundton (A) und die Intervalle von A7 sehen. Dieser Prozess ist mental ziemlich anspruchsvoll, aber er wird einfacher, und du wirst deine Fähigkeiten mit diesem Buch weiterentwickeln.

Der Akkord nach A7 ist Cm7 (1 b3 5 b7).

Beginne damit, die nächstgelegene Stelle des Grundtons (C) auf den mittleren vier Saiten zu finden:

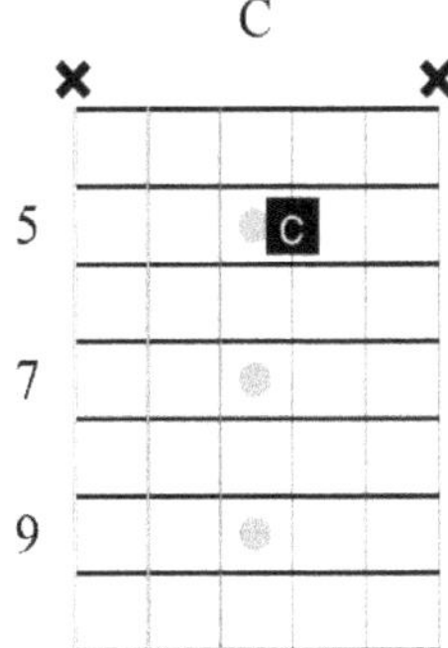


Als nächstes bauen wir allmählich die Intervalle von Cm7 um ihn herum auf.

Akkorde mit einem Grundton auf der dritten Saite sind oft die schwersten Akkorde, die man sich auf dem Griffbrett visualisieren kann. Die meisten Gitarristen spielen Akkorde mit den Grundtönen auf der sechsten, fünften oder vierten Saite, sodass die Grundtöne der dritten Saite für uns ein wenig rätselhaft sein können.

Es kann zunächst helfen, an die Noten im Akkord (C Eb G Bb) zu denken und diese zuerst auf den Hals zu legen, bevor man an Intervalle denkt. Auch hier kann ich nur sagen, dass dies einfacher wird, aber es kann zunächst langsam und frustrierend sein. Mein Rat ist, zu versuchen, die mentalen Schmerzen zu genießen, weil sie bedeuten, dass dein Gehirn wichtige und fortgeschrittene Informationen über die Gitarre lernt.

Wir können die Intervalle von Cm7 um den Grundton herum auf folgende Weise aufbauen:

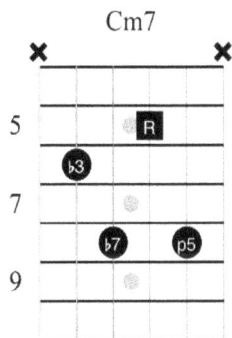

Cm7
5
R
b3
7
b7
p5
9

Lerne zu erkennen, wie eine b3, 5 und b7 in Bezug auf den Grundton auf der dritten Saite aussieht.

Dieser Akkord mag anfangs nicht angenehm zu spielen sein, aber es ist ein fantastischer Klang, sobald man sich daran gewöhnt hat.

Vergleiche dieses Cm7-Voicing mit dem vorherigen A7-Akkord:

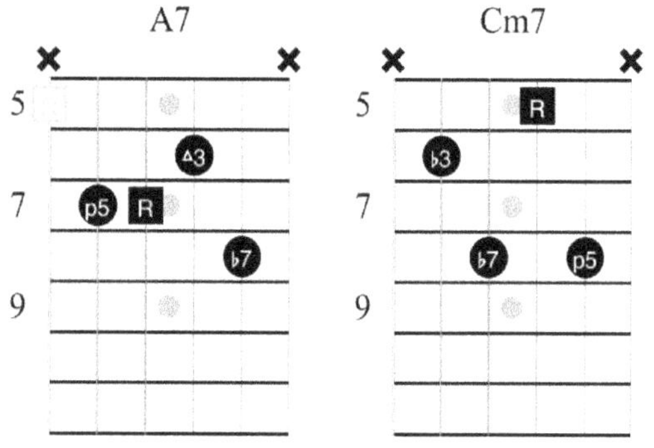

A7 Cm7

5 7 9

Hier bleibt nur eine Note zwischen den beiden Akkorden gleich, da es an dieser Stelle im Song einen ziemlich ausgeprägten Tonartwechsel gibt. Dennoch bewegt sich jede Note nur um einen Halbton und selbst diese kleine Bewegung kann weiter reduziert werden, wenn wir beginnen Substitutionen und Erweiterungen einzuführen.

Der letzte Akkord in der Sequenz ist F7. Das nächstgelegene Voicing dieses Akkords ist wie folgt:

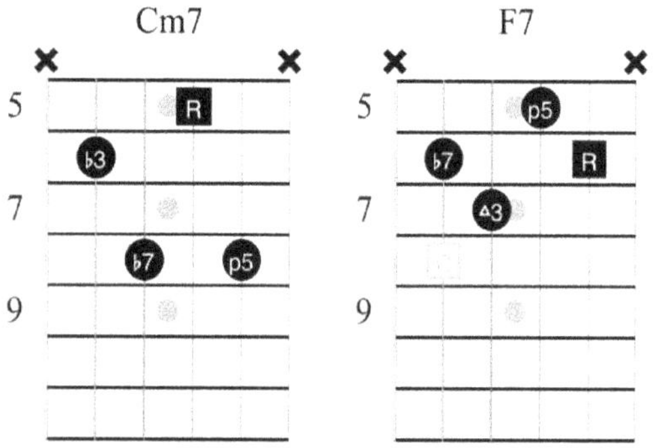

Cm7 F7

5 7 9

Du findest es vielleicht leichter, den Grundton dieses F7-Akkords auf der fünften Saite zu sehen. Er wird für dich als graues Quadrat angezeigt.

Vergleiche noch einmal das F7 mit dem vorherigen Cm7, um zu sehen, welche Stimmen sich bewegt haben. Du wirst feststellen, dass sich nur zwei Noten geändert haben. Diese Änderung kann auf eine Note reduziert werden, indem man anstelle des F7 einen F9-Akkord spielt, und wir werden uns diese Idee im folgenden Kapitel ansehen.

Die letzten Seiten haben eine große Menge an Informationen abgedeckt und mögen sehr beängstigend erscheinen. Der beste Weg, diesen Ansatz zu verinnerlichen, besteht darin, sich die Hände schmutzig zu machen und ihn tatsächlich aufmerksam zu üben.

**Wie du übst**

Diese Übung ist auf dem Papier einfach, aber es kann eine Weile dauern, bis du sie beherrschst.

Spiele den ersten Akkord der Sequenz, Em7b5. Schlage den Akkord und zupfe dann jede Saite einzeln. Wenn du jede Saite zupfst, sage den Namen jedes Intervalls laut. Zum Beispiel:

**Beispiel 1a:**

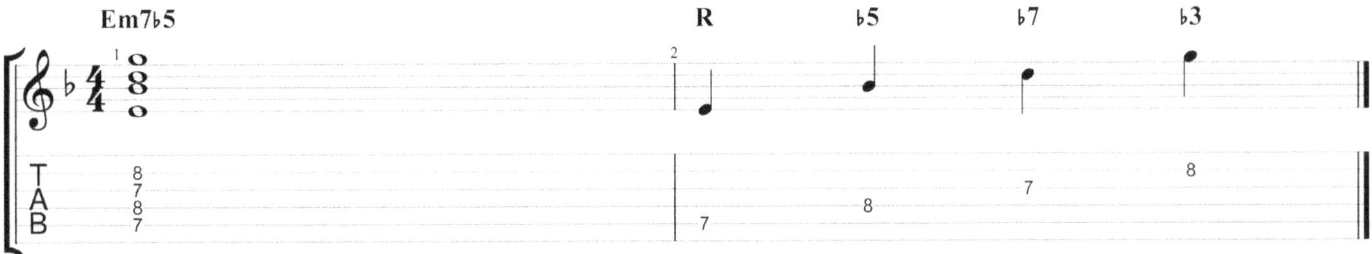


*Die Hörbeispiele in diesem Buch stehen unter www.fundamental-changes.com zum kostenlosen Download bereit. Klicke dazu einfach auf den Link „Audio herunterladen" oben auf der Seite.*

Wenn du die Noten von Em7b5 durchgespielt und ihre Namen laut ausgesprochen hast, halte inne und *visualisiere* die Noten des folgenden Akkords (A7) auf dem Griffbrett. Bevor du zu A7 wechselst, stelle sicher, dass du *sehen* kannst, wie sich die Intervalle des Em7b5-Akkords, den du greifst, in die Intervalle von A7 ändern. Dies mag einige Zeit in Anspruch nehmen, aber die Idee ist, den neuen Akkord zu sehen, *bevor* man sich von demjenigen, auf dem man sich befindet, entfernt. Beachte welche Noten sich bewegen und welche Noten gleich bleiben.

Wiederhole diesen Vorgang für jeden Akkord in der Sequenz. Versuche, die Sequenz nicht als Formen zu sehen, so wie du sie gelernt hast als du mit dem Gitarrenspielen angefangen hast, sondern versuche sie als Intervalle zu sehen, die sich verschieben und sich auf dem Griffbrett entlangbewegen. Natürlich kennst du diese Akkordformen vielleicht bereits, konzentrieren dich aber darauf die Intervalle in Bezug auf jeden neuen Grundton zu sehen.

**Beispiel 1b:**

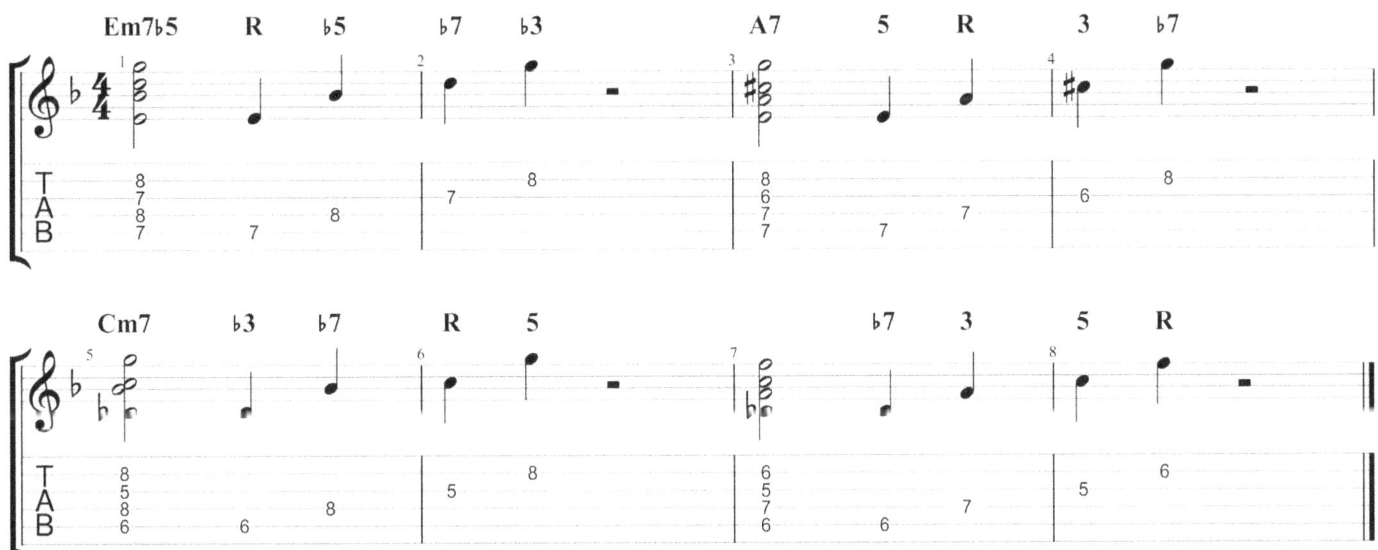


Kommen wir zu den nächsten vier Takten von Bella.

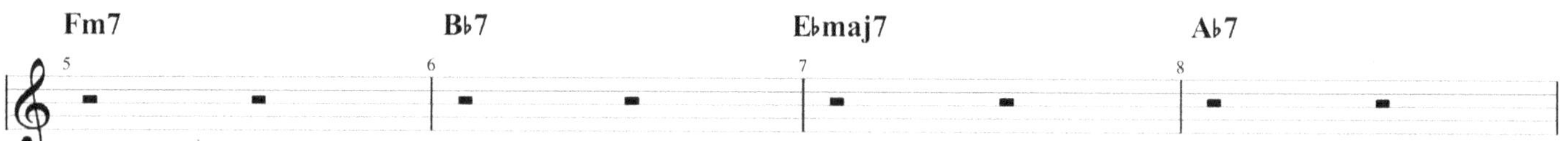


Jeder Akkord kann wie folgt gespielt werden:

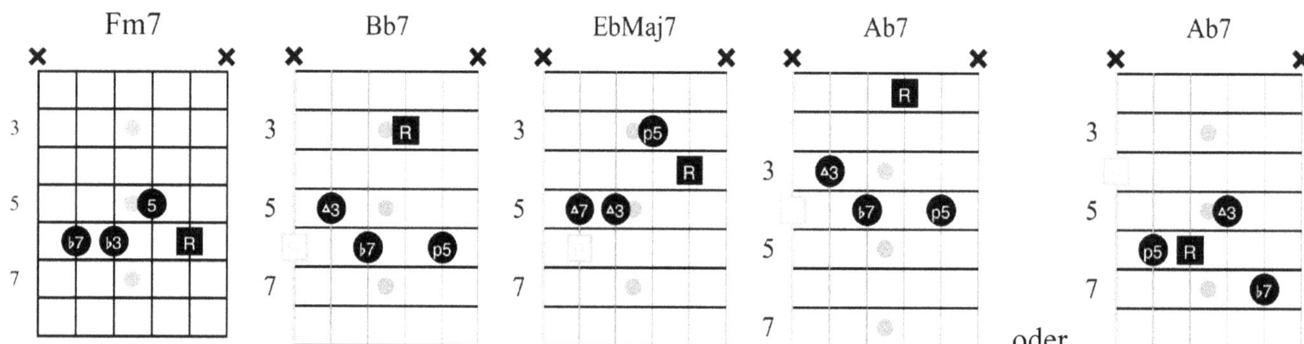


Nähere dich diesen Akkordwechseln auf die gleiche Weise wie zuvor. Spiele den ersten Akkord und sage die Intervalle laut vor, bevor du dir vorstellst, wie sich jede Note zu einem Intervall des folgenden Akkords ändert. Ändere die Akkorde erst, wenn du dir sicher bist was du spielen wirst.

Denke daran: Versuche keine Akkordformen zu sehen, sondern versuche, jeden Akkord als eine Reihe von wechselnden Intervallen zu betrachten.

Ich habe zwei Optionen für den letzten A7-Akkord vorgeschlagen. Die erste ist „korrekter", da die Stimmführung etwas näher ist, aber sie ist etwas gestreckt, so dass du vielleicht weiter oben auf dem Griffbrett die zweite Option nutzen möchtest. Ein wachsendes Repertoire an Voicings und das Erlernen, Intervalle an mehr als einem Ort auf dem Griffbrett zu sehen, gibt dir viel Freiheit und erlaubt dir viele kreative Optionen, die du beim Compen auf der Jazzgitarre nutzen kannst.

Durch die Verwendung eines anderen Voicings für den A7-Akkord wird auch der *nächste* Akkord mit einem anderen nächstgelegenen Voicing gespielt, wodurch eine Kette von Ereignissen entsteht, die dich auf einem anderen Weg durch die Wechsel führt. Irgendwann wirst du in der Lage sein, jedes beliebige Voicing zu spielen und mit deiner Wahl der Akkord-Voicings frei zu improvisieren.

Wenn du mit eng geschichteten Akkorden vertraut bist, wirst du anfangen, mit Voicings zu experimentieren, die um den Hals oder über Saitengruppen springen, normalerweise mit dem Ziel, eine bestimmte Melodienote über einem Akkord zu halten.

Hier werden die nächsten vier Takte von Bella gezeigt, ein Takt pro Akkord. Achte darauf, dies wie bei Beispiel 1b zu üben.

**Beispiel 1c:**

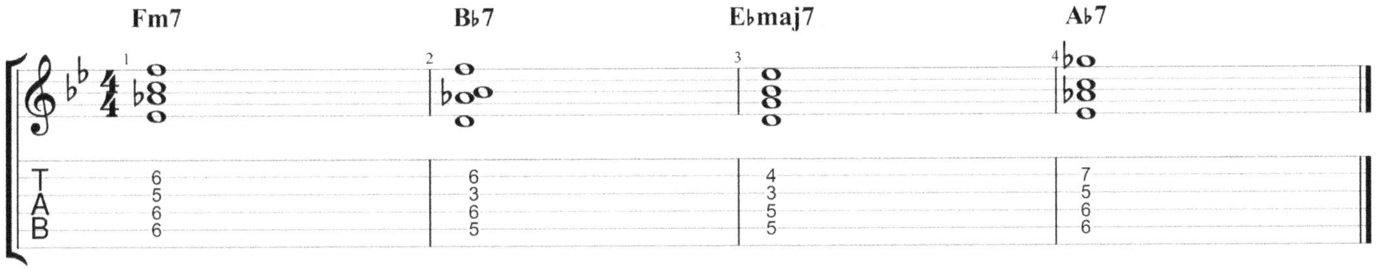

| Fm7 | B♭7 | E♭maj7 | A♭7 |
|---|---|---|---|
| 6-5-6-6 | 6-3-6-5 | 4-3-5-5 | 7-5-6-6 |

Spiele die gesamten ersten acht Takte durch und setze den Prozess fort, jeden Akkord einmal anzuschlagen, und dann jede einzelne Note zu spielen und die Intervallnamen laut auszusprechen. Visualisiere den nächsten Akkord, bevor du deine Finger bewegst.

**Beispiel 1d:**

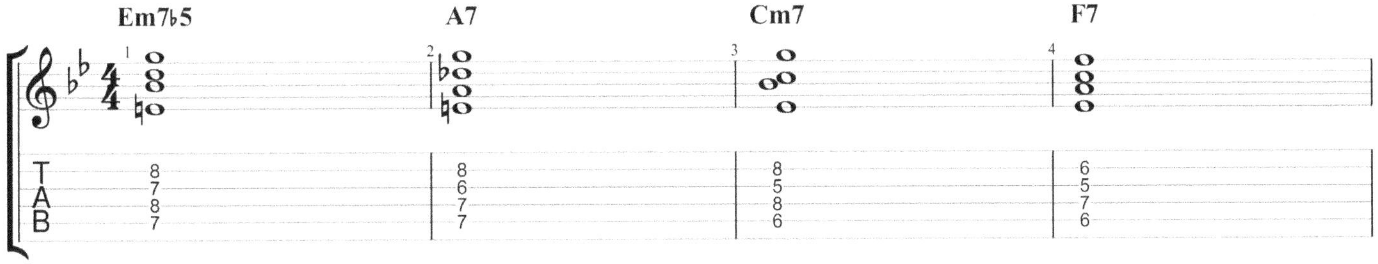

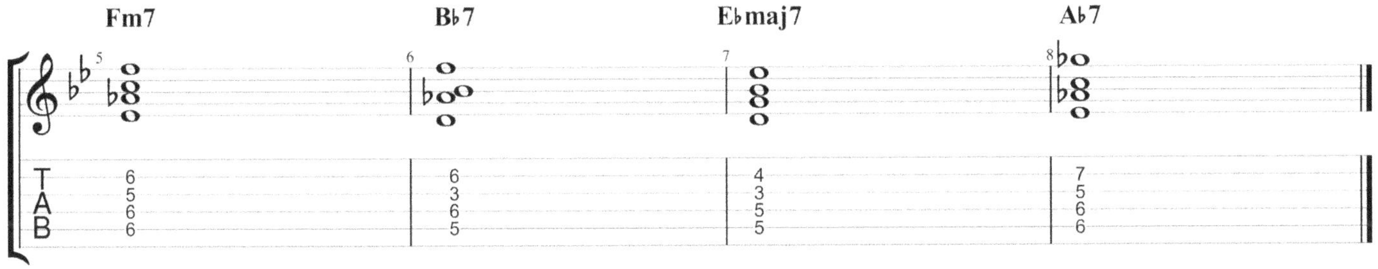

| Em7♭5 | A7 | Cm7 | F7 |
|---|---|---|---|
| 8-7-8-7 | 8-6-7-7 | 8-5-8-6 | 6-5-7-6 |

| Fm7 | B♭7 | E♭maj7 | A♭7 |
|---|---|---|---|
| 6-5-6-6 | 6-3-6-5 | 4-3-5-5 | 7-5-6-6 |

Im obigen Beispiel ist es leicht zu erkennen, wie sich in den Takten Fünf und Sechs nur eine einzige Note zwischen F7 und Fm7 bewegt.

Hier sind die nächsten vier Takte von Bella, in einem Arrangement mit enger Stimmführung auf den mittleren vier Saiten.

**Beispiel 1e:**

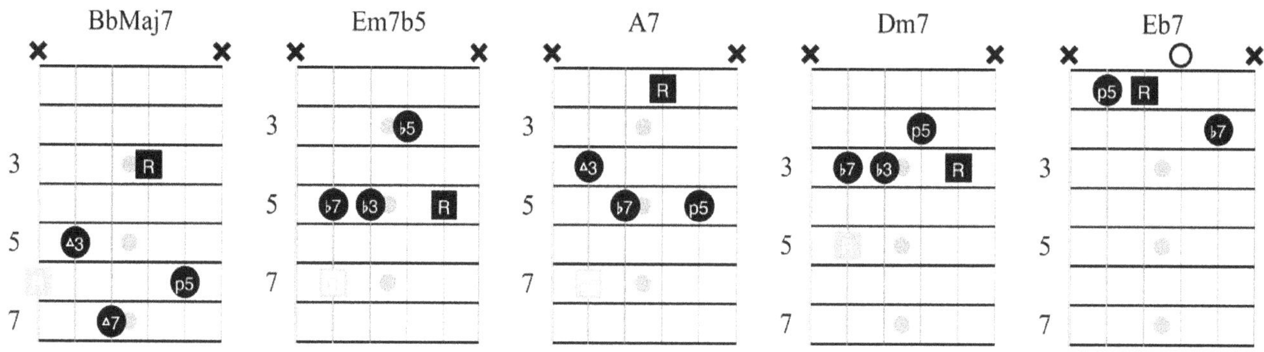


| | Bbmaj7 | Em7b5 | A7 | Dm7 | Bbm7 | Eb7 |
|---|---|---|---|---|---|---|
| Takt | 1 | 2 | | 3 | 4 | |
| T | 6 | 5 | 5 | 3 | 2 | 2 |
| | 3 | 3 | 2 | 2 | 1 | 0 |
| A | 7 | 5 | 5 | 3 | 3 | 1 |
| B | 5 | 5 | 4 | 3 | 1 | 1 |

Übe diese vier Takte wie bisher und lege großen Wert darauf, zu visualisieren, wie sich die Intervalle zwischen den einzelnen Akkorden bewegen.

Hier ist ein Beispiel für die letzten vier Takte des A-Abschnitts. Wenn wir unten allmählich keinen Platz mehr haben, fangen wir an uns auf dem Griffbrett hochzubewegen.

**Beispiel 1f:**

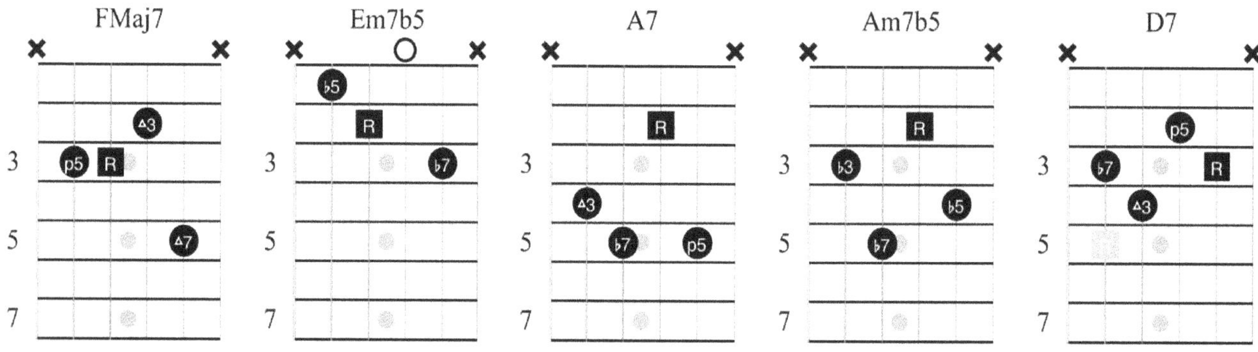


| | Fmaj7 | Em7b5 | A7 | Am7b5 | D7 |
|---|---|---|---|---|---|
| Takt | 1 | 2 | | 3 | 4 |
| T | 5 | 3 | 5 | 4 | 3 |
| | 2 | 0 | 2 | 2 | 2 |
| A | 3 | 2 | 5 | 5 | 4 |
| B | 3 | 1 | 4 | 3 | 3 |

Es gibt hier ein paar herausfordernde Griffe, aber jede Form wird mit der Zeit einfacher. Einige Formen erfordern, dass du deine Handgelenkposition anpasst oder deinen Ellenbogen heraussteckst. Experimentiere, um die für dich am besten zugängliche Position zu finden.

Mach dir vorerst keine allzu großen Sorgen um die unangenehm gestreckten Griffe, denn wenn wir anfangen Substitutionen, Erweiterungen und Alterationen einzuführen, können wir schwierige Fingersätze vermeiden (wenn wir wollen!) und die Stimmführung geschmeidiger gestalten.

Zusammengefasst sind hier die ersten sechzehn Takte von Bella by Barlight mit Voicings auf den mittleren vier Saiten. Beachte, dass wir das Moll ii V (Em7b5 - A7) jedes Mal anders spielen.

**Beispiel 1g:**

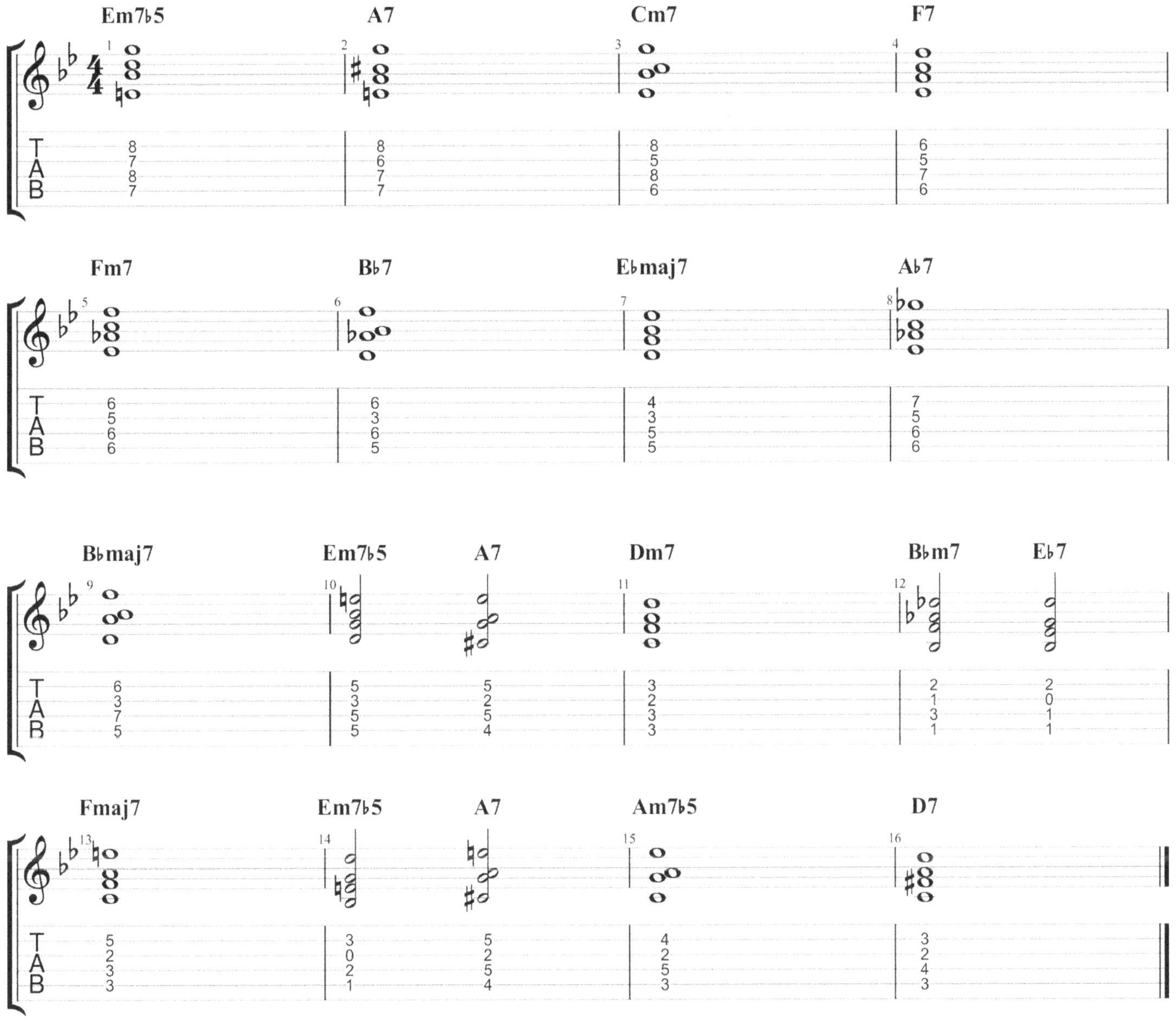

| Em7♭5 | A7 | Cm7 | F7 |
|---|---|---|---|
| 8 7 8 7 | 8 6 7 7 | 8 5 8 6 | 6 5 7 6 |

| Fm7 | B♭7 | E♭maj7 | A♭7 |
|---|---|---|---|
| 6 5 6 6 | 6 3 6 5 | 4 3 5 5 | 7 5 6 6 |

| B♭maj7 | Em7♭5 | A7 | Dm7 | B♭m7 | E♭7 |
|---|---|---|---|---|---|
| 6 3 7 5 | 5 3 5 5 | 5 2 5 4 | 3 2 3 3 | 2 1 3 1 | 2 0 1 1 |

| Fmaj7 | Em7♭5 | A7 | Am7♭5 | D7 |
|---|---|---|---|---|
| 5 2 3 3 | 3 0 2 1 | 5 2 5 4 | 4 2 5 3 | 3 2 4 3 |

Im nächsten Kapitel untersuchen wir, wie du Erweiterungen, Alterationen und Voicings ohne Grundton verwendest, um die Stimmführung bei jedem Akkordwechsel unbeschwerter zu gestalten.

# Kapitel Zwei: Erweiterungen und Voicings ohne Grundton

Wie ich bereits in der Einleitung erwähnt habe, ist es selten notwendig, den Grundton des Akkords zu spielen und oft können auch andere Intervalle weggelassen werden. Die Theorie des Weglassens von Noten wird oft akademisch und starr gelehrt, mit spezifischen Regeln, welche Noten in einem Akkord fallengelassen werden können und wann dies akzeptabel ist. Die Wahrheit ist, dass es keine absolut bindenden Regeln gibt, welche Noten gespielt werden müssen. Meistens wird der Zuhörer unbewusst „die Lücken füllen", wenn eine starke Stimmführung verwendet wird, auch wenn eine wichtige Note wie die Terz weggelassen wird.

Indem wir den Grundton und gelegentlich auch andere Intervalle weglassen, können wir auf andere Noten zugreifen, die unseren Akkordtexturen Fülle und Reiz verleihen. Wenn eine Note wie der Grundton weggelassen wird, wird sie oft durch eine andere Note ersetzt, entweder durch eine natürliche *Erweiterung* (9., 11. oder 13.) oder durch eine chromatische *Alteration* (b9, #9, b5 oder #5).

Diese Erweiterungen und Alterationen werden in meinen Büchern „Guitar Chords in Context" und „Jazz Guitar Chord Mastery" ausführlich behandelt, aber die folgende Tabelle zeigt die gängigsten Optionen für Jazzakkorde. Diese Liste ist nicht vollständig, und Erweiterungen können kombiniert werden. Außerdem solltest du dich der *enharmonischen* Noten bewusst sein, beispielweise ist ein b5 identisch mit der #11.

| Akkordtyp | Formel | Allgemeine Erweiterungen |
|---|---|---|
| Maj7 | 1 3 5 7 | 9 #11 13 (oder 6) |
| m7 | 1 b3 5 b7 | 9 11 |
| m7b5 | 1 b3 5 b7 | b9 9 11 |
| 7 (unalteriert) | 1 3 5 b7 | 9 11 #11 13 |
| 7 (alteriert) | 1 3 (5) b7 | b9 #9 b5 (#11) #5 (b13) |

Es gibt keine „zu vermeidenden" Noten, aber die 13. (oder 6.) müssen bei Moll-Akkorden mit Sorgfalt behandelt werden. Der Akkord II enthält normalerweise eine natürliche 13, während Akkorde III und VI jeweils eine b13 enthalten. Betrachte diese als Sonderfälle und etwas, das du später untersuchen solltest

Eine wichtige Substitution, die man kennen sollte, ist, dass Maj7-Akkorde oft als 6- oder 6/9-Akkorde auf der Gitarre gespielt werden. Anstatt beispielsweise EbMaj7 in Takt Sieben von Bella by Barlight zu spielen, sind Eb6 (1 3 5 6) oder Eb6/9 (1 3 6 9) üblich. Pianisten verwenden verschiedene Formen um 6- und 6/9-Akkorde zu spielen, aber diese Voicings funktionieren gut auf der Gitarre. Manchmal kann die 7. in einen 6/9-Akkord aufgenommen werden, wenn der Grundton weggelassen wird, obwohl dies dann technisch gesehen ein Maj13 Akkord ist.

Ein dominanter 7-Akkord, der als *funktionaler* V7-Akkord fungiert (z. B. in einer II V I Sequenz), kann normalerweise jedes gewünschte Spannungsniveau annehmen, wobei bestimmte Situationen stark auf eine bestimmte Spannung hindeuten können. Eine Spannung, die normalerweise in Ordnung ist, um sie zu jeder funktionalen Dominante hinzuzufügen, ist die b9. Der Grundton kann oft durch die b9 ersetzt werden und ist wahrscheinlich die am häufigsten verwendete Spannung im Jazz.

Der beste Weg diese Sounds zu lernen, ist zu studieren, wie sie in Rhythmusgitarren-Parts verwendet werden. Die „Regeln“ der Harmonielehre sind subjektiv, also wenn dir jemand von einer Regel in der Musik erzählt, lass sie nicht außer Acht, sondern nutze sie als solide Grundlage, von der aus du auf Erkundung gehen kannst. Bei den meisten Dingen in der Musik geht es um den Kontext; es ist immer möglich, etwas, das von den meisten Theoretikern als „falsche“ Note angesehen wird, trotzdem zu spielen, sofern es an der richtigen Stelle im Song geschieht. Es kommt dabei auf Rhythmus, Phrasierung und Überzeugung an.

Das Wichtigste, was du über die Wahl aller „alterierten“ Noten, die ich in diesem Buch verwende, wissen musst, ist, dass sie nicht zufällig gewählt werden. Mit anderen Worten: jede Notenwahl tritt auf, weil sie eine gute Stimmführung zwischen den Akkorden bietet.

Lass uns einige Erweiterungs- und Alterationsmöglichkeiten an den ersten vier Takten von Bella by Barlight untersuchen.

Wir beginnen mit einem gewöhnlichen Em7b5-Voicing.

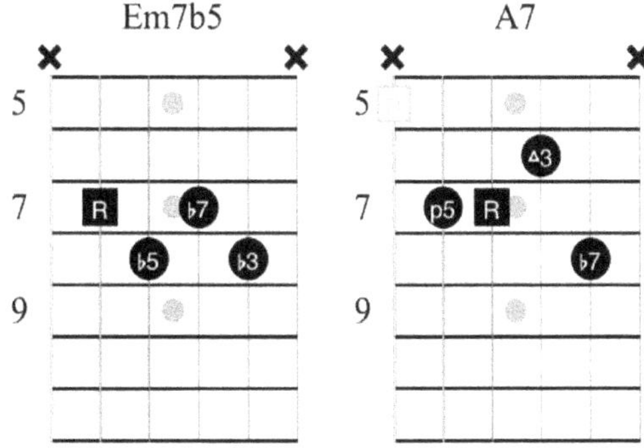


Im vorherigen Kapitel wechselten zwei Noten zwischen den Akkorden Em7b5 und A7. Schauen wir uns an, wie wir diese Zahl weiter reduzieren können.

Um dein Gedächtnis aufzufrischen, sind hier die ersten vier Takte von Bella by Barlight:

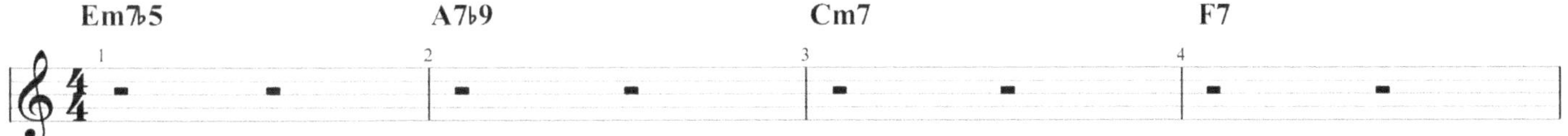


Obwohl sich das A7 nicht auf einen D-Akkord auflöst, gilt es immer noch als Teil einer II V-Sequenz und darf daher eine gewisse Spannung enthalten. Die *Melodie* des Originalstücks enthält außerdem an dieser Stelle eine b9-Note (Bb), so dass es angebracht sein kann, diese Spannung im Akkord zu reflektieren.

Der Em7b5-Akkord *enthält bereits die* B-Note (auf der vierten Saite), sodass wir, anstatt wie bisher zum Grundton des A7-Akkords (A) herunterzugehen, ihn dort belassen können, wo er ist, und *nur* die b7 von Em7b5 nach unten bewegen können, um die Terz von A7 zu werden. Dies ist leichter zu verstehen, wenn man es in der folgenden Abbildung sieht.

**Beispiel 2a:**

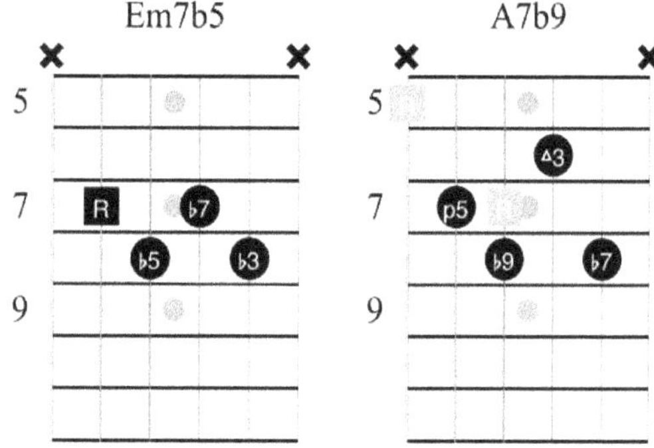


Wir haben eine reichhaltige, schöne Alteration des A7-Akkords eingeführt und gleichzeitig die Anzahl der beweglichen Stimmen reduziert, um eine enge, effiziente musikalische Harmonie zu schaffen.

Wie bei jedem Akkord gibt es viele Erweiterungen, die dem folgenden Cm7 hinzugefügt werden können, obwohl in diesem Fall meine erste Wahl wäre, am unalterierten Voicing aus Kapitel Eins festzuhalten, weil es die schrittweise Stimmführung fortsetzt:

**Beispiel 2b:**

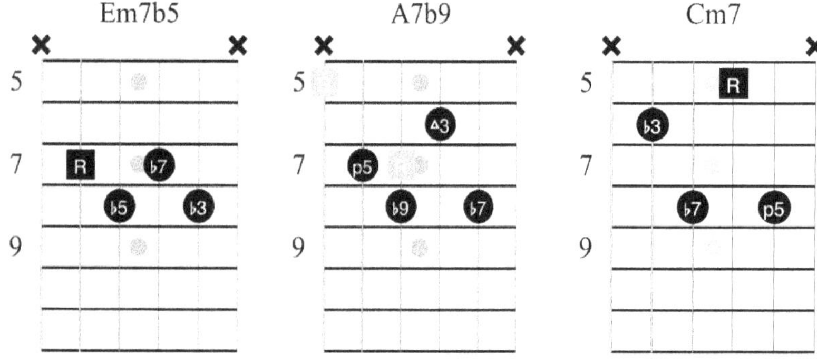


Beachte, wie die Note auf der dritten Saite um einen Halbton auf jedem Akkord sinkt.

Nonen (9) können frei zu Dominanten-Sept-Akkorden hinzugefügt werden, und indem wir eine 9 zu dem folgenden F7 Akkord hinzufügen, können wir mit dem Bewegen einer einzigen Note von Cm7 zu F9 wechseln. In der folgenden Abbildung siehst du, wie wir den Grundton des Fm7-Akkords (F) durch die 9 (G) ersetzen:

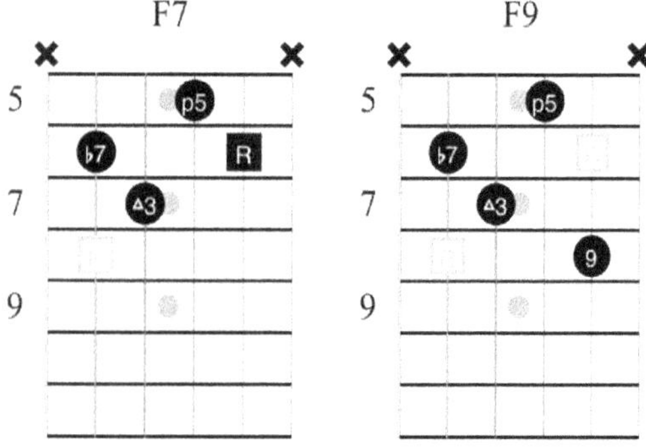

Die 9 von F7 (G) ist die gleiche Note wie die 5. des vorherigen Cm7-Akkords (G), sodass diese Note über beiden Akkorden unverändert bleibt. Wie du sehen kannst, ändert sich nur noch eine Note zwischen Cm7 und F9. Die b7 von Cm7 (Bb) fällt auf die 3 von F9 (A).

**Beispiel 2c:**

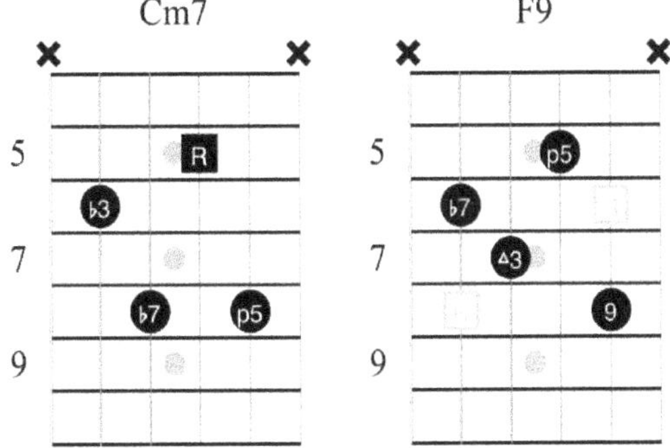


Natürlich gibt es noch andere Erweiterungen, die auf dem F7-Akkord verwendet werden könnten, aber im Moment konzentrieren wir uns darauf, die kleinstmöglichen Bewegungen zwischen den Akkorden zu erwirken.

Spiele die ersten vier Takte von Bella durch und achte dabei besonders auf die Stimmführung auf jeder Saite. Versuche wie bisher, jedes Intervall und jede Bewegung der Noten zu visualisieren, bevor du sie spielst. Schlage jeden Akkord an, bevor du nacheinander jede Note zupfst und die Intervalle laut aussprichst.

Es ist sehr wichtig sich daran zu gewöhnen, jeden Akkord aus seinen einzelnen Intervallen zu „bauen", wenn du den Akkord wechselst. Versuche, dir keine Formen zu merken; baue jeden Akkord Note für Note auf, indem du zuerst den Grundton und dann andere Intervalle setzt.

**Beispiel 2d:**

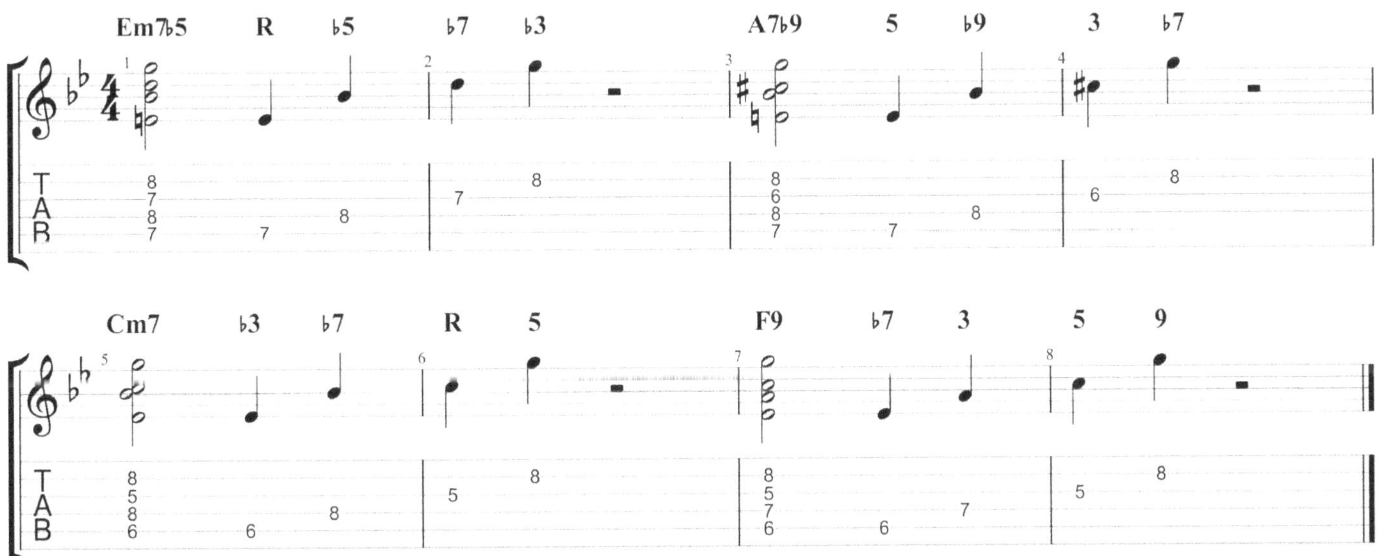


Wir können in ähnlicher Weise für die nächsten vier Takte fortfahren.

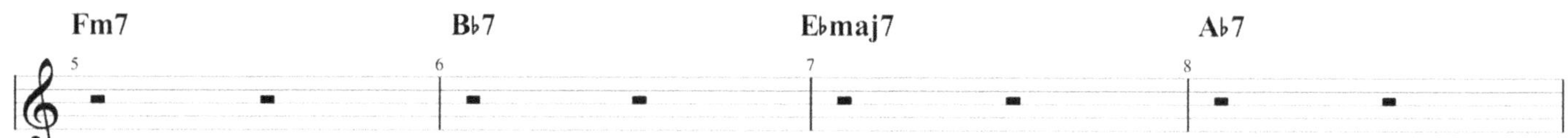


Im vorherigen Takt von F7 wurde der Grundton durch die 9 ersetzt. Wie in der Tabelle am Anfang dieses Kapitels zu sehen ist, ist die 9 ein großartiges Intervall, das sowohl auf dem F7 *als auch* auf dem Fm7-Akkord gespielt werden kann, also belassen wir es für den Moment unverändert.

Die einzige Note, die sich also zwischen F9 und Fm9 ändert, ist die Terz (A). Sie muss um einen Halbton fallen, um die b3 von Fm9 (Ab) zu werden.

**Beispiel 2e:**

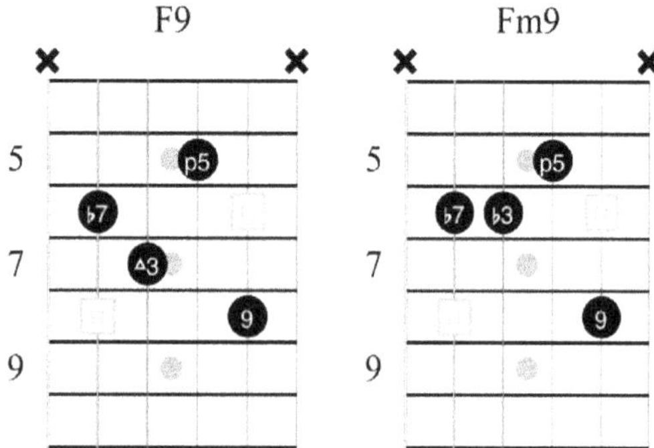


Der nächste Akkord ist ein *funktionales* Bb7, das sich im folgenden Takt zum tonischen EbMaj7 auflöst. Wieder einmal können wir ein Bb7-Voicing bilden, indem wir eine einzige Note gegenüber des vorherigen Fm9 ändern.

Die Frage, die wir uns immer wieder stellen müssen, wenn wir Abläufe durch Akkordfolgen suchen, ist: „Was wird aus jedem Intervall in diesem Akkord, wenn es über dem Grundton des nächsten Akkords gespielt wird?"

Das nächste Diagramm mag zunächst etwas verwirrend aussehen, aber es wird dir helfen, dich in die Lage eines guten Jazzgitarristen zu versetzen. Das erste Diagramm zeigt die Intervalle von Fm9 (dem Akkord, den wir spielen) über dem Grundton von F. Das zweite Diagramm zeigt die gleichen Noten, aber diesmal werden sie als Intervalle basierend auf Bb betrachtet (der Akkord, auf den wir uns hinbewegen).

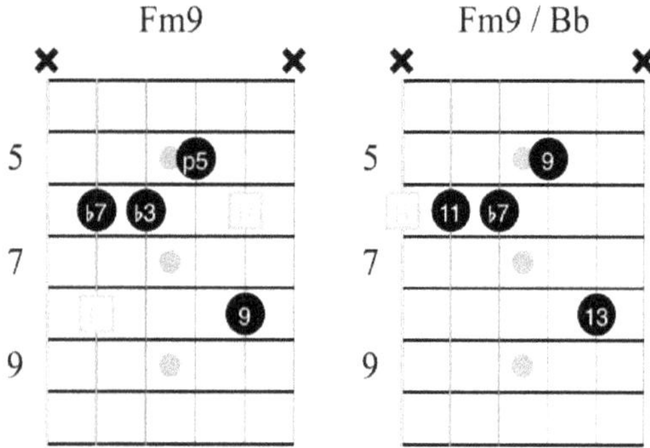

Schau dir das zweite Diagramm an und vergleiche es mit der Tabelle am Anfang des Kapitels. Welche Noten sind in einem Bb7-Akkord „akzeptabel“ und welche müssen geändert werden?

Nun, die Wahrheit ist, dass sie *alle* gut mit dem Bb7-Akkord funktionieren könnten. Das Spielen dieser Notengruppe über einer Bb-Bassnote bildet den Akkord Bb13sus4 (11 ist gleich 4). Wir könnten diesen Satz Noten weiterspielen, um eine angespannte Harmonie zu erzeugen, wenn sich der Bass zu Bb bewegt. An dieser Stelle in der Sequenz ist es jedoch viel stärker, die 3 des Bb7 zu hören, also ist mein Vorschlag, die 11 auf die große 3 auf folgende Weise zu abzusenken:

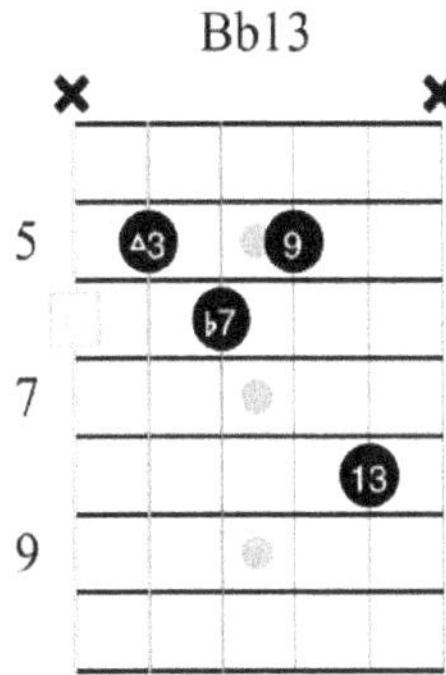


Man muss sagen, dass es hier kein „Richtig oder Falsch“ gibt. Du kannst Bb13sus4 für ein paar Schläge spielen, bevor du zum Bb13 wechselst.

Wie du sehen kannst, erzeugt das Bewegen nur einer Note des Fm9 einen reichen, erweiterten Bb13-Akkord, der die 9 beinhaltet. Voicings ohne Grundton sind auf der Gitarre äußerst nützlich; mit nur vier Noten können wir schöne, fortgeschrittene Harmonien erzeugen.

Denke daran: frag dich bei jedem Akkordwechsel: „Welche Noten können gleich bleiben, welche Noten müssen sich bewegen?“

Kommen wir nun zum EbMaj7-Akkord.

Prüfe, welche Intervalle die Noten des aktuellen Akkords (Bb13) gegenüber dem Grundton von Eb bilden:

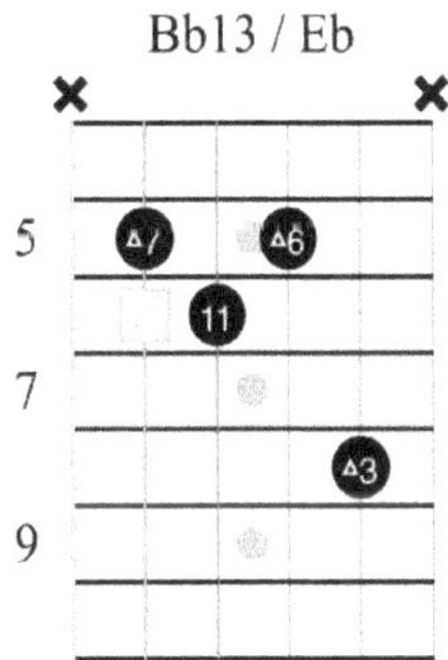


Schau wieder in die Tabelle zurück. Wie du sehen kannst, funktionieren die 7, 6 und 3 alle an einem EbMaj7-Akkord, aber die 11 wird mit der 3 kollidieren. Wenn wir jedoch einfach die 11 auf eine große 3 fallen lassen, gibt es *zwei* große Terzen in diesem Voicing, was ein kleines Problem darstellt.

Eine gute Lösung ist es, die 11 auf die 3 fallen zu lassen, aber *ebenfalls* die große 3 auf die 9 zu senken, wodurch ein leicht ungewöhnlicher Maj13-Akkord entsteht (ein Maj6-Akkord, der eine Septime beinhaltet):

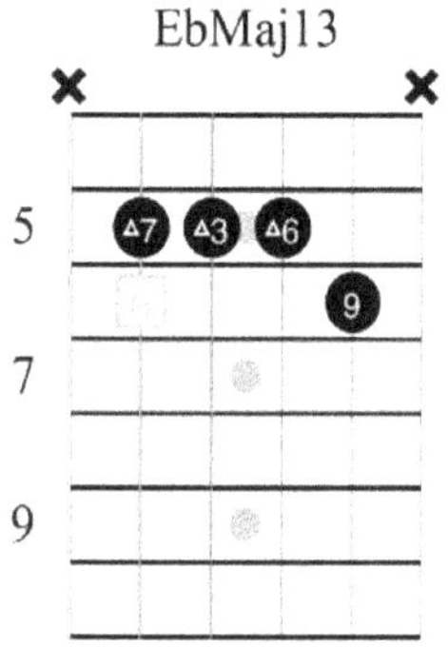

EbMaj13

Auch hier handelt es sich um ein Voicing ohne Grundton, das durch die 7 im Bass eine leichte Spannung aufweist. Es ist ein großartiger Sound, aber möglicherweise ein Voicing das man vermeiden sollte, wenn man in einem Duo mit einem unerfahrenen Sänger arbeitet. Wenn du den Grundton als niedrigste Note spielen musst, dann kannst du dich für einen Standard-Eb6/9-Akkord entscheiden:

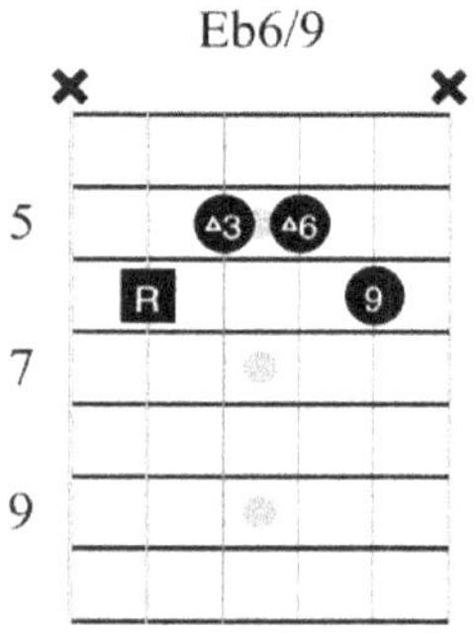

Eb6/9

Der letzte Akkord dieses Abschnitts ist Ab7. In Bella by Barlight wird er oft als ein A7#11 (oder „Lydisch Dominant“) Akkord gespielt. Schau nochmal, welche Intervalle die aktuellen EbMaj13 Akkordtöne gegen den Grundton des nächsten Ab7#11 Akkords bilden:

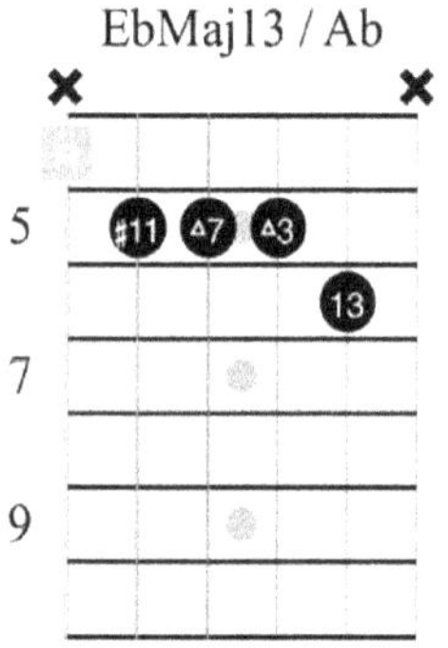

EbMaj13 / Ab

Dieses Voicing enthält bereits drei Intervalle, die wir für Ab7#11 verwenden können. Die einzige Note, die geändert werden muss, ist die 7, die um einen Halbton auf die b7 (Gb) fallen muss:

Ab7#11

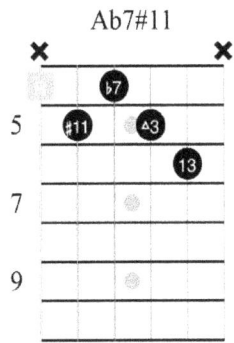

Du erkennst diesen Akkord als eine „Hendrix“ D7#9-Form, aber über einem Ab-Grundton funktioniert er völlig anders.

Wiederhole die zweiten vier Takte von Bella und spiele jeden Akkord und dann seine Intervalle.

**Beispiel 2f:**

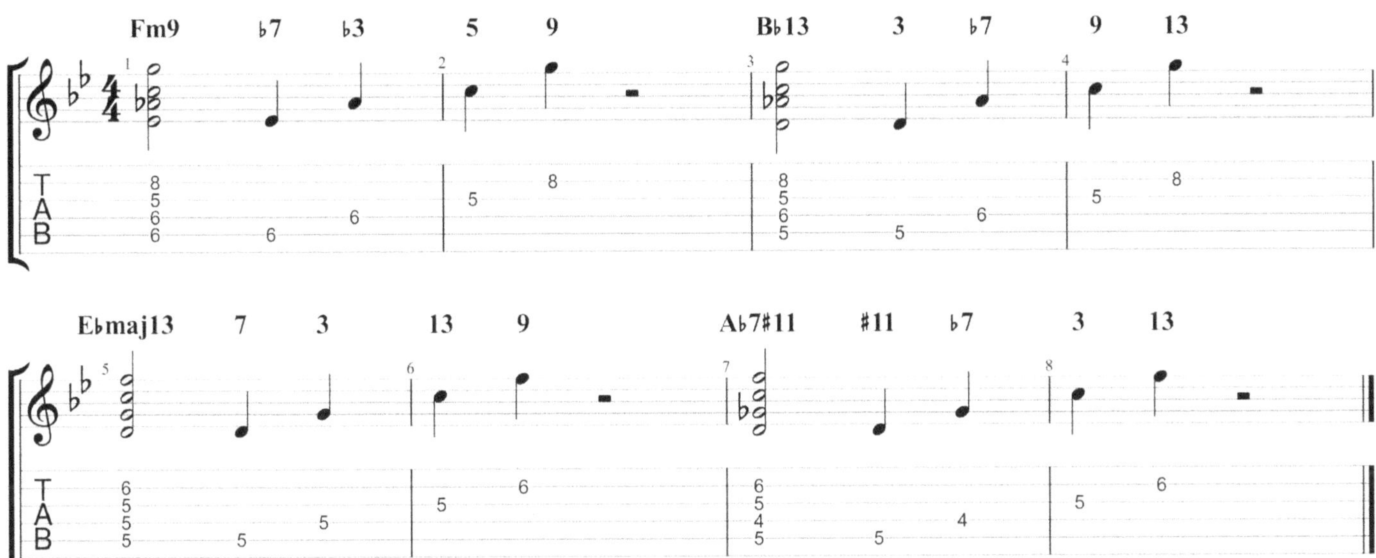


Spiele sanft durch die ersten acht Takte des Songs und visualisiere die Grundtöne aller Voicings ohne Grundtöne. Beachte, wie die obere Note eines jedes Akkords für die ersten sechs Takte unverändert bleibt. Vergleiche diese Akkordfolge mit der, die du im vorherigen Kapitel gespielt hast.

**Beispiel 2g:**

Em7♭5 A7♭9 Cm7 F9 Fm9 B♭13 E♭maj13 A♭7#11

Leider gibt es in diesem Buch nicht genug Platz, um jeden Akkordwechsel von Bella mit Diagrammen und Vergleichen zu analysieren und zu diskutieren, also habe ich die nächsten acht Takte in einer Zeile zusammengefasst. Jeder Akkord hat seine Intervalle in den Akkordgittern dargestellt. Es ist nun deine Aufgabe, jede Note zu analysieren und zu lernen, wie sie in der Sequenz funktioniert.

Achte darauf, welche Erweiterungen/Alterationen verwendet werden und warum. Wenn eine Erweiterung verwendet wird, schau nach, welcher Akkordton ersetzt wird.

**Nächste acht Takte von Bella by Barlight**

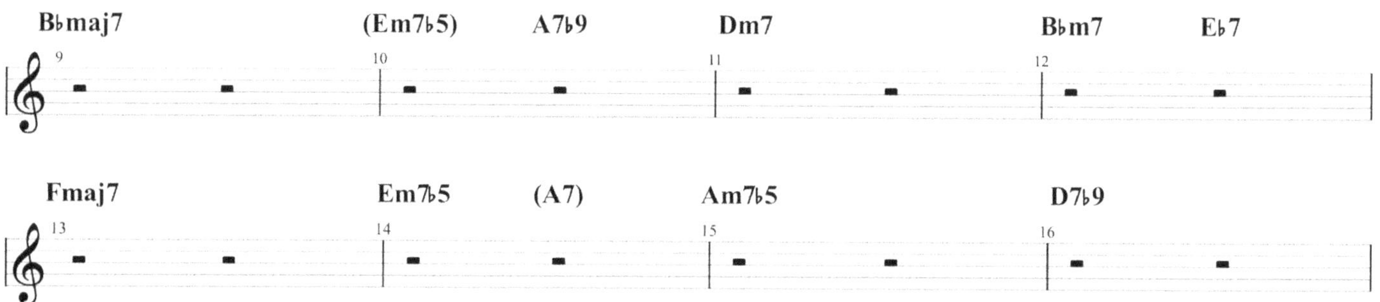


**Beispiel 2h:**

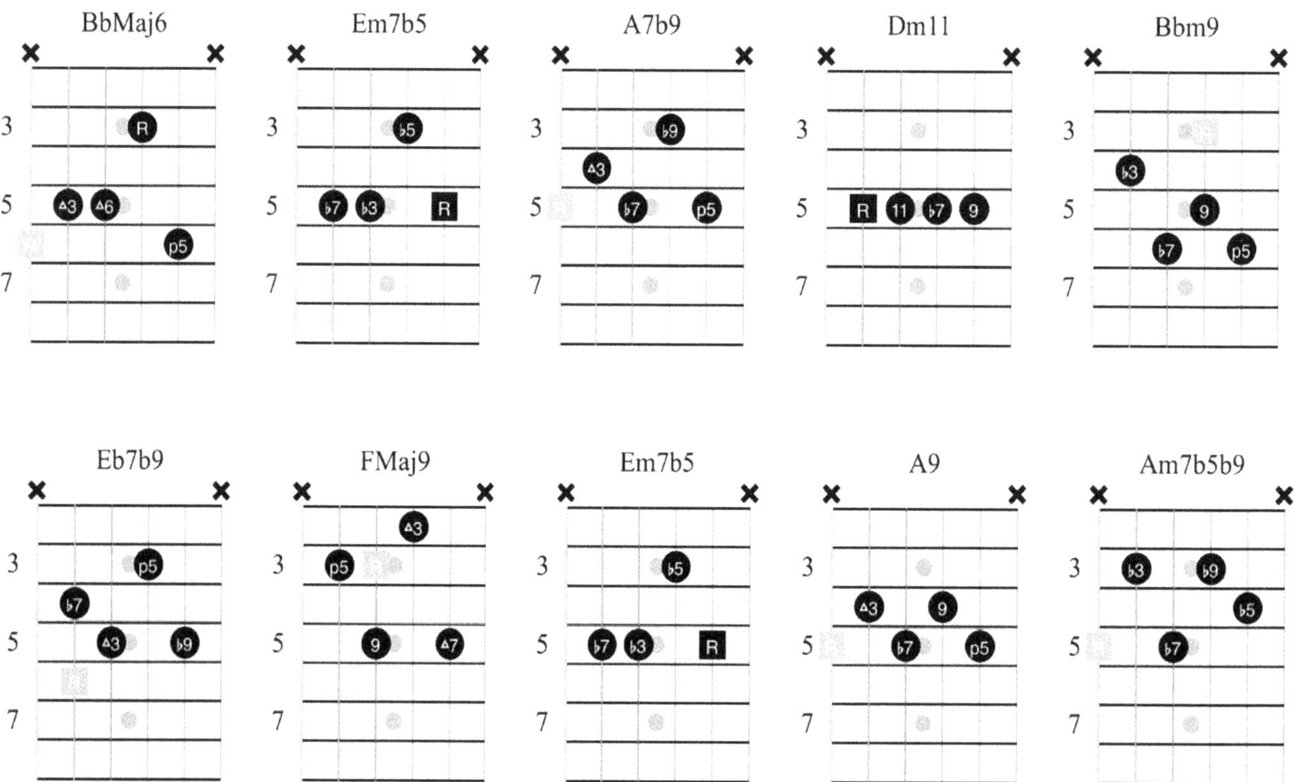

D7#5b9

3 5 7

b7 #5 Δ3 b9

| | Bbmaj6 | Em7b5 | A7b9 | Dm11 | Bbm9 | Eb7b9 | Fmaj9 | Em7b5 | A9 | Am7b5b9 | D7#5b9 |
|---|---|---|---|---|---|---|---|---|---|---|---|
| T | 6 | 5 | 5 | 5 | 6 | 5 | 5 | 5 | 5 | 4 | 4 |
| | 3 | 3 | 3 | 5 | 5 | 3 | 2 | 3 | 4 | 3 | 3 |
| A | 5 | 5 | 5 | 5 | 6 | 5 | 5 | 5 | 5 | 5 | 4 |
| B | 5 | 5 | 4 | 5 | 4 | 4 | 3 | 5 | 4 | 3 | 3 |

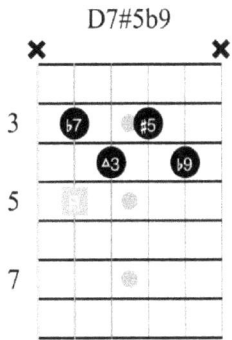

Die vorherige Sequenz zeigt nur einen möglichen Weg durch die Akkordwechsel, und im nächsten Kapitel werden wir darüber diskutieren, wie man übt neue Wege zu finden. Versuche zunächst, neue Wege zu finden, indem du verschiedene Erweiterungen für jeden dominanten Akkord hinzufügst.

Die Akkorde zum B-Abschnitt von Bella by Barlight sind wie folgt:

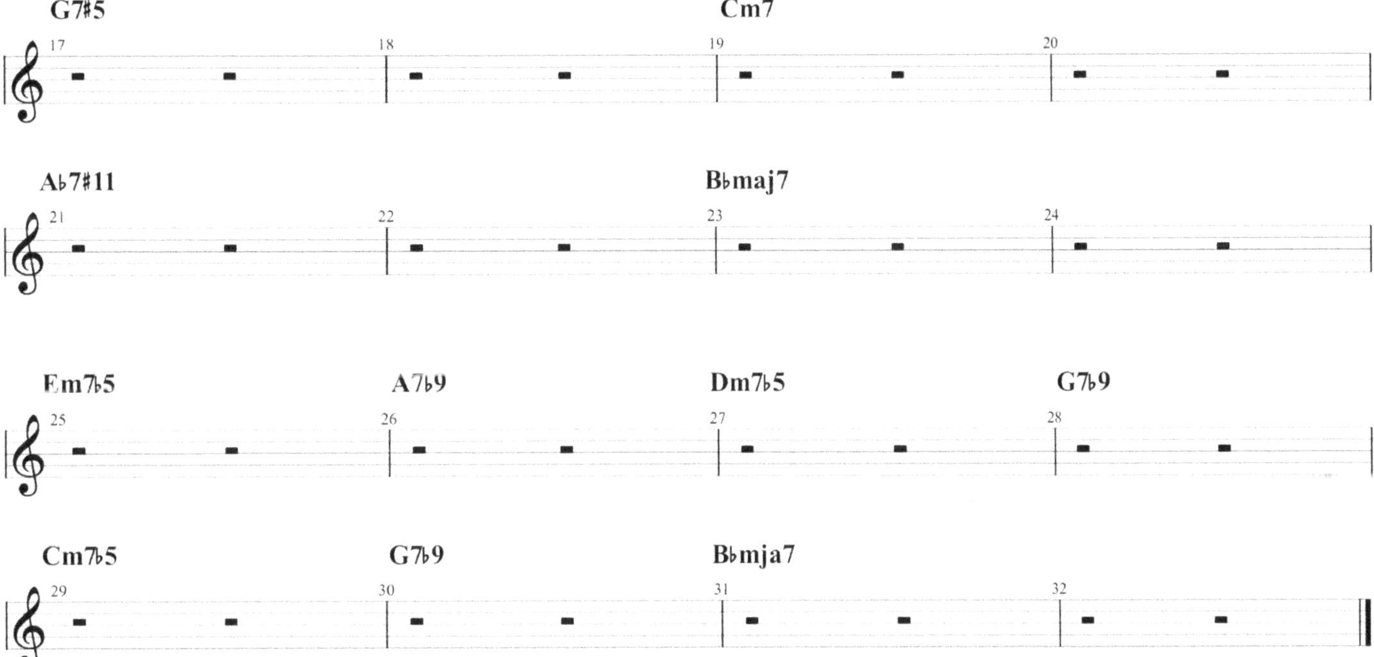


Beginne damit, das nächstmögliche Voicing für diese Akkorde zu finden und dabei alle chromatischen Alterationen zu ignorieren, wie wir es in Kapitel Eins getan haben. Spiele zum Beispiel anstelle von G7b13 ein einfaches G7. Der Teil könnte wie folgt gespielt werden:

**Beispiel 2i:**

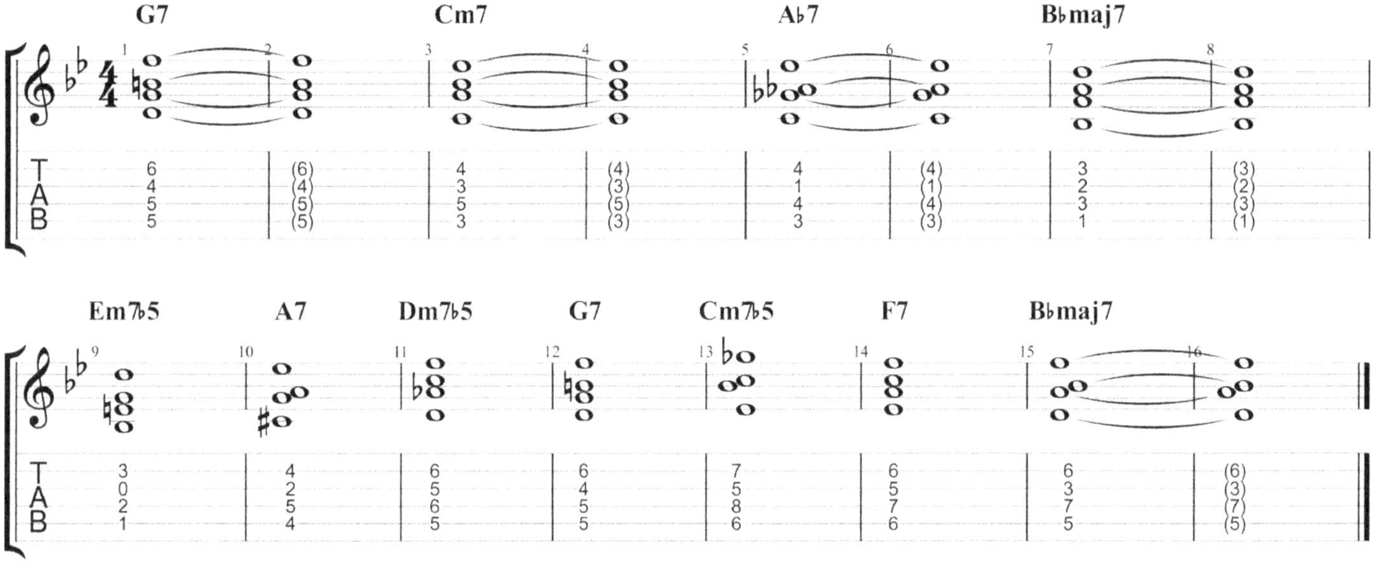

G7 | Cm7 | A♭7 | B♭maj7

Em7♭5 | A7 | Dm7♭5 | G7 | Cm7♭5 | F7 | B♭maj7

Die ersten acht Takte dieses Beispiels enthalten nur vier Akkorde, die jeweils zwei Takte andauern. Versuche, in jedem zweiten Takt ein neues Voicing des gleichen Akkords zu finden und führe dein Voicing von dort aus weiter. Das folgende Beispiel sollte weitere Erkundung in Gang setzen.

**Beispiel 2j:**

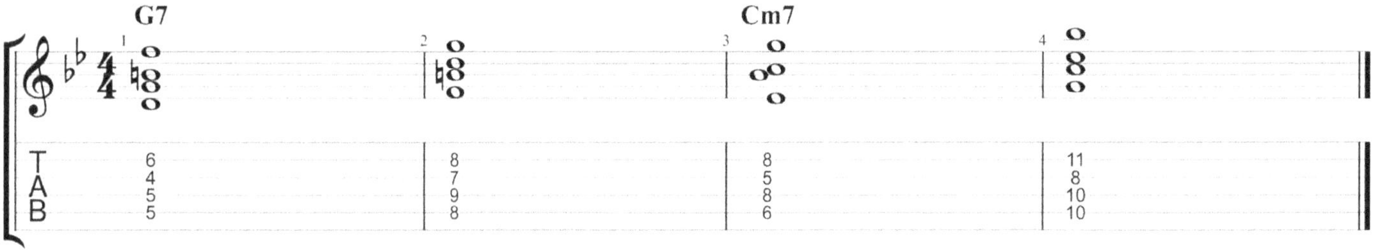

G7 | Cm7

Die Einbeziehung dieser Technik in dein Spiel wird im Buch ‚Jazz Guitar Chord Mastery" ausführlich behandelt. Da du zwischen jeder beliebigen Umkehrung jedes Akkords wechseln kannst, erfordert dieses Konzept eine sehr organisierte Übung, da jedes Akkord-Voicing direkt das nächste beeinflusst.

Die zweite Zeile von Beispiel 2i enthält drei der vier üblichen Moll ii V-Bewegungen auf den mittleren vier Saiten. Lerne diese gründlich, da sie oft vorkommen.

Während du allmählich verstehst, wie die GT-7-Akkorde funktionieren, fange an, Erweiterungen und Alterationen an den Akkorden vorzunehmen, um eine engere Stimmführung zu bilden. Die Dominant-7-Akkorde in den letzten acht Takten werden oft als 7b9-Akkorde gespielt. Hier ist ein Beispiel für die Akkordfolge.

**Beispiel 2k:**

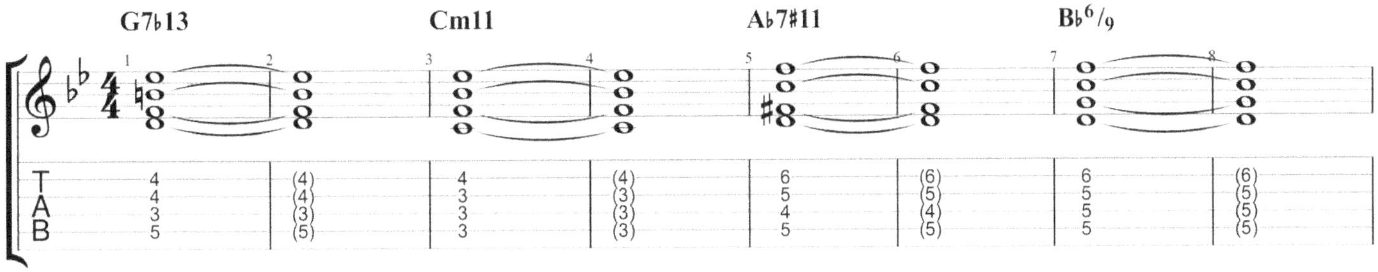

G7♭13 Cm11 A♭7♯11 B♭6/9

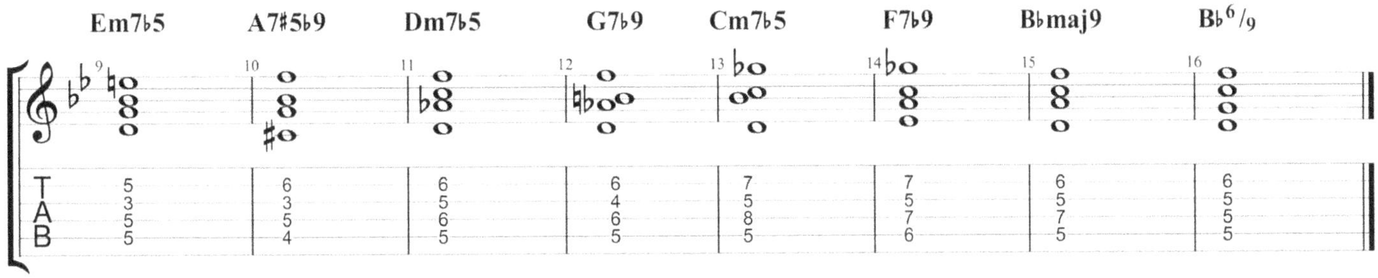

Em7♭5 A7♯5♭9 Dm7♭5 G7♭9 Cm7♭5 F7♭9 B♭maj9 B♭6/9

Arbeite langsam durch Beispiel 2k und lege das Intervall jedes Akkords einzeln fest. Es kann helfen, eine Seite mit leeren Akkordgittern zu besorgen und jeden Akkord mit den auf jeder Note markierten Intervallen aufzuschreiben. Schau genau hin, um zu sehen, welche Entscheidungen ich für die Voicings getroffen habe, wenn ich von Akkord zu Akkord gehe.

Vielleicht möchtest du noch einmal die Möglichkeit untersuchen, die Voicings in jedem Takt zu ändern. Die Änderung der Voicings führt zu einer neuen Griffbrettposition und wirkt sich direkt auf das Voicings jedes folgenden Akkords aus.

Denke daran! Vermeide es, diese Folge als eine Reihe von Akkordformen zu erlernen. Lerne, die Intervalle eines Akkords zu sehen, die sich im folgenden Akkord in neue Intervalle verwandeln. Dies ist einfacher gesagt als getan, aber es ist möglich sich zu zwingen über die Akkordform hinwegzusehen und sich nur auf die Intervalle zu konzentrieren. Es erfordert eine bewusste Anstrengung so zu denken, und du wirst feststellen, dass du ziemlich schnell erschöpfen wirst. Deine Konzentration und Sehkraft wird sich aber durch Übung verbessern, also entspanne dich und genieße den Lernprozess. Mache viele Pausen.

Baue *jeden* Akkord aus seinen zusammensetzenden Intervallen *jedes* Mal bewusst auf. Denke nicht an Akkordformen: Baue jeden Akkord, notiere jeden Ton, indem du den Grundton setzt und dann den Rest der Intervalle hinzufügst.

# Kapitel Drei: Voicing-Übungen und Praxisideen

Die vorherigen Kapitel haben dir geholfen, einen soliden Weg durch die Akkordwechsel von Bella by Barlight zu entwickeln, indem du effiziente Voicing-Führung verwendest und Alterationen und Erweiterungen einführst, um die Bewegung zwischen den einzelnen Akkordstimmen zu ebnen.

In diesem Kapitel lernst du, wie du deine eigenen Ideen für die Stimmführung durch Akkordwechsel erforschen, erweitern und üben kannst. Bei den folgenden Ideen sollte ein Konzept dein Denken dominieren: „Das Prinzip der nächsten Note“ (im Sinne von „nah“). Wechsle immer zwischen zwei Akkorden, indem du die geringste Anzahl von Noten änderst.

Die Ideen in diesem Kapitel werden noch einmal im Kontext von Bella by Barlight gelehrt, aber sie sollten auf jedes Jazzstück angewendet werden, das du studierst.

Die erste Idee für dein Üben ist, die Akkordfolge einfach mit einem anderen Voicing zu beginnen. Da jeder nachfolgende Akkord durch das Anpassen von Noten aus dem vorherigen Akkord gebildet wird, zwingt dich das, einen anderen Weg durch die Wechsel zu gehen. Im Gegenzug verbessert es drastisch deine Fähigkeit, Akkordintervalle in verschiedenen Teilen des Halses schnell zu finden und erhöht grundlegend deinen Überblick und deine Gewandtheit auf der Gitarre.

In den vorangegangenen Kapiteln haben wir mit diesem Voicing von Em7b5 begonnen:

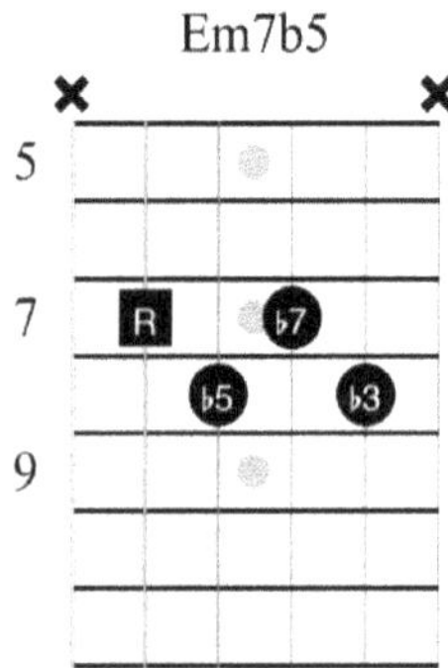


Es gibt jedoch keinen Grund, dass wir unbedingt dieses Voicing verwenden müssen. Wenn wir an einer anderen Stelle beginnen, können wir üben, verschiedene Wege durch die Wechsel zu finden. Das folgende Beispiel zeigt einen Weg durch die ersten acht Takte, der mit dem folgenden Voicing von Em7b5 beginnt.

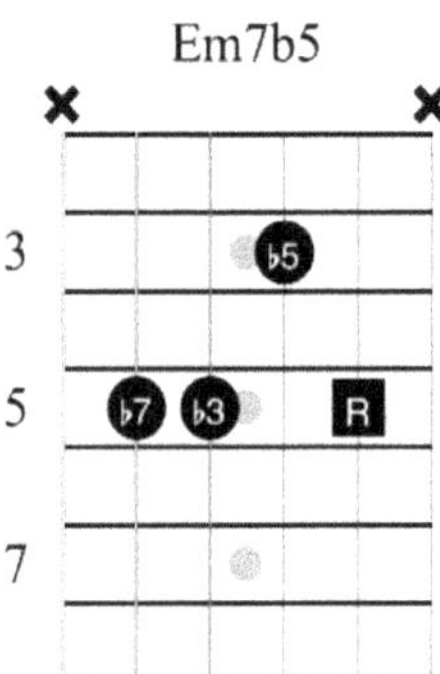

**Beispiel 3a:**

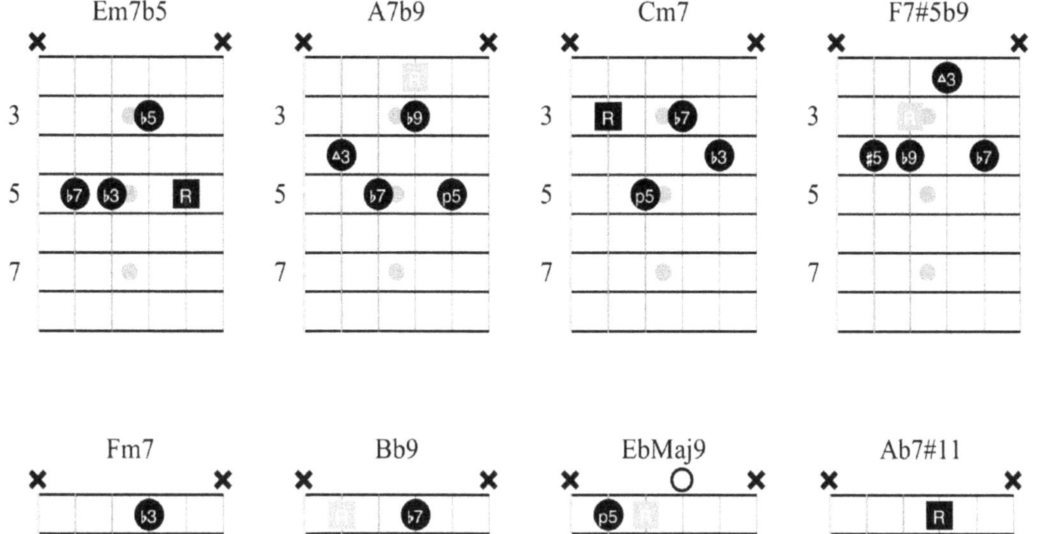


| | Em7♭5 | A7♭9 | Cm7 | F7#5♭9 | Fm7 | B♭9 | E♭maj9 | A♭7#11 |
|---|---|---|---|---|---|---|---|---|
| Takt | 1 | 2 | 3 | 4 | 5 | 6 | 7 | 8 |
| T | 5 | 5 | 4 | 4 | 4 | 3 | 3 | 3 |
| | 3 | 3 | 3 | 2 | 1 | 1 | 0 | 1 |
| A | 5 | 5 | 5 | 4 | 3 | 3 | 3 | 4 |
| B | 5 | 4 | 3 | 4 | 3 | 3 | 1 | 3 |

Analysiere diese Akkordfolge sorgfältig, um sicherzustellen, dass du jede Notenwahl verstehst, bevor du mit dem Rest der Akkordfolge fortfährst.

Es gibt vier Umkehrungen von „Drop 2“ Em7b5 Akkorden, von denen du ausgehen solltest. Jede ist ein Ausgangspunkt für einen anderen Weg durch die Akkordfolge. Diese vier Voicings lauten wie folgt:

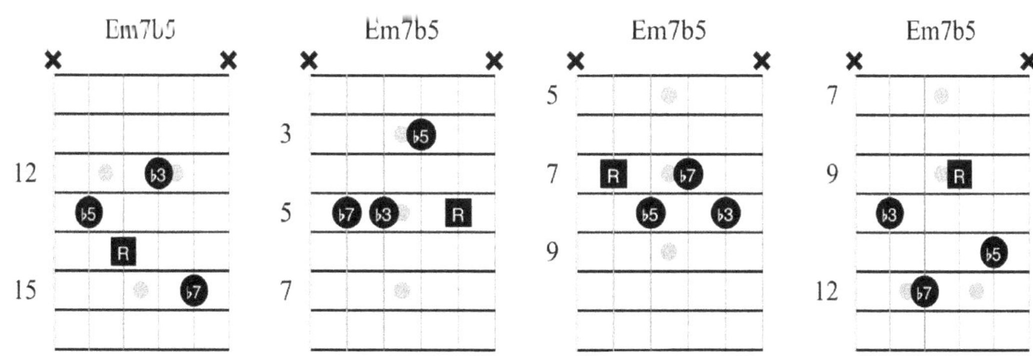

Das erste dieser vier Voicings kann auch eine Oktave tiefer und mit einer offenen dritten Saite gespielt werden.

Die nächste Übungsidee ist, die Sequenz durchzuspielen, während die höchste Note in jedem Akkord entweder absteigt oder auf der gleichen Tonhöhe bleibt. Dieser Ansatz war bisher Teil aller Übungen in diesem Buch, da die Harmonie von Bella by Barlight tendenziell abnimmt. Wenn du dir jedoch der Melodie (also der obersten Note) des Akkords bewusst bist, kannst du weitere Optionen auf dem Griffbrett eröffnen.

Das folgende Beispiel beginnt mit einer hohen Stimmführung von Em7b5 und steigt melodisch ab. Sieh jeden Akkord, wie bisher, als eine Reihe von Intervallen und analysiere jede Notenwahl. Es ist anfangs schwierig, aber es ist die vorteilhafteste Art zu üben.

**Beispiel 3b:**

| | Em7b5 | A7b9 | Cm7 | F9 | Fm7 | Bb7#5b9 | Ebmaj9 | Ab7b9 |
|---|---|---|---|---|---|---|---|---|
| T | 15 | 14 | 13 | 13 | 13 | 12 | 11 | 10 |
| A | 12 | 12 | 12 | 12 | 10 | 11 | 10 | 11 |
| | 14 | 14 | 13 | 13 | 13 | 12 | 12 | 10 |
| B | 13 | 13 | 13 | 12 | 11 | 11 | 10 | 11 |

Setze diese Sequenz während der gesamten Akkordfolge fort. Arbeite in kurzen Stücken von zwei bis vier Takten auf einmal, damit du nicht ausbrennst.

Als nächstes versuche, der oberen Note nur zu erlauben bei jedem Wechsel *abzusteigen*. Es kann leicht sein, dass man keinen Platz mehr auf dem Griffbrett hat, so dass es manchmal notwendig ist, eine Oktave nach oben zu springen, um fortzufahren.

Hier werden die ersten acht Takte mit absteigenden Melodienoten gespielt. Beachte, dass der Oktavsprung in Takt Fünf es der Melodienote ermöglicht, schrittweise von D nach C zu fallen, wenn auch eine Oktave höher.

**Beispiel 3c:**

| | Em7b5 | A7b13 | Cm7 | F13 | Fm9 | Bb7#5b9 | Ebmaj9 | Ab7b9 |
|---|---|---|---|---|---|---|---|---|
| T | 8 | 6 | 4 | 3 | 13 | 12 | 11 | 10 |
| A | 7 | 6 | 3 | 2 | 12 | 11 | 10 | 8 |
| | 8 | 5 | 5 | 1 | 13 | 12 | 12 | 10 |
| B | 7 | 7 | 3 | 3 | 11 | 11 | 10 | 9 |

Fahre mit der Sequenz fort und stelle sicher, dass die höchste Note jedes Akkords mit jedem Wechsel absteigt.

Jazz-Sequenzen neigen oft dazu, harmonisch abzusteigen, da sich Akkorde häufig in Intervallen von Quinten und Quarten bewegen. Ein sehr nützlicher Ansatz für das Spielen von Rhythmusgitarre ist es, die Voicings zum *Aufsteigen zu* zwingen und sich in die entgegengesetzte Richtung zur Harmonie zu bewegen.

Dieser aufsteigende Ansatz kann auf zwei Arten geübt werden. Der erste Weg ist, sicherzustellen, dass die höchste (Melodie-)Note jedes Akkords bei jedem Akkordwechsel ansteigt oder konstant bleibt. Der zweite Weg ist, *nur* aufsteigende Melodienoten auf jedem Akkord zu spielen.

Das folgende Beispiel verwendet eine Kombination aus aufsteigenden und gleichbleibenden Melodienoten. Arbeite dieses Beispiel durch, bevor du diesen Ansatz auf die komplette Akkordfolge anwendest.

**Beispiel 3d:**

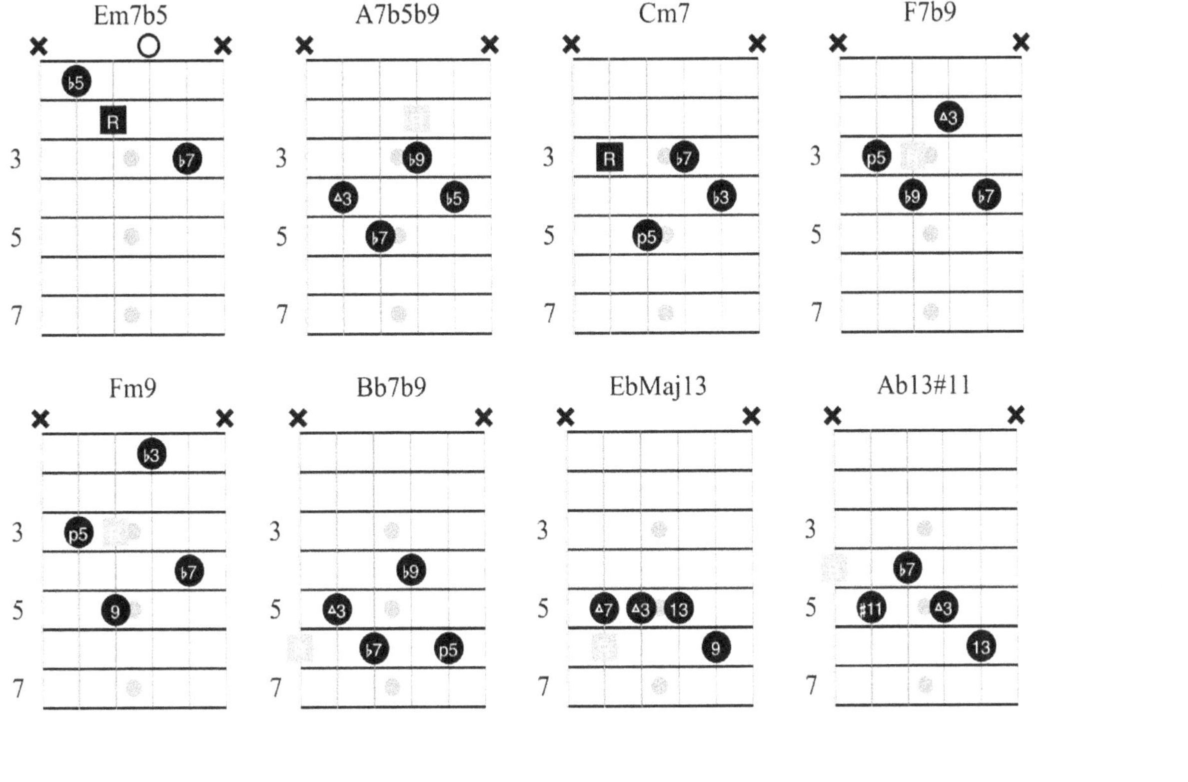


| Em7♭5 | A7♭5♭9 | Cm7 | F7♭9 | Fm9 | B♭7♭9 | E♭maj13 | A♭13♯11 |
|---|---|---|---|---|---|---|---|
| 3 | 4 | 4 | 4 | 4 | 6 | 6 | 6 |
| 0 | 3 | 3 | 2 | 1 | 4 | 5 | 5 |
| 2 | 5 | 5 | 4 | 5 | 6 | 6 | 4 |
| 1 | 4 | 3 | 3 | 3 | 5 | 5 | 5 |

Im nächsten Beispiel steigt die Melodienote mit jedem Akkord an.

**Beispiel 3e:**

| | Em7♭5 | A7♭9 | Cm13 | F9 | Fm7 | B♭7 | E♭maj13 | A♭7 |
|---|---|---|---|---|---|---|---|---|
| Takt | 1 | 2 | 3 | 4 | 5 | 6 | 7 | 8 |
| T | 3 | 5 | 6 | 8 | 9 | 11 | 13 | 16 |
| | 0 | 3 | 5 | 8 | 8 | 10 | 12 | 13 |
| A | 2 | 5 | 7 | 7 | 10 | 12 | 12 | 16 |
| B | 1 | 4 | 6 | 8 | 8 | 11 | 13 | 15 |

Setze diesen Ansatz über die komplette Akkordfolge ein. Springe auf einen anderen Teil des Halses, wenn dir die Bünde ausgehen, um die Folge fortzusetzen. Arbeite in kleinen, zweistimmigen Phrasen und lass dir Zeit.

Eine weitere gute Möglichkeit, Akkord- und Intervallerkennung zu üben, besteht darin, dein Spiel auf kleine, fünfbündige Bereiche des Gitarrenhalses zu beschränken und gleichzeitig jedes Voicing auf den gleichen vier Saiten zu halten. Diese Übung ist ziemlich anspruchsvoll, also halte dich zunächst an einfache „7"-Voicings.

Die ersten acht Takte von Bella by Barlight können wie folgt mit GT-7-Voicings auf den Bünden 1 bis 5 gespielt werden.

**Beispiel 3f:**

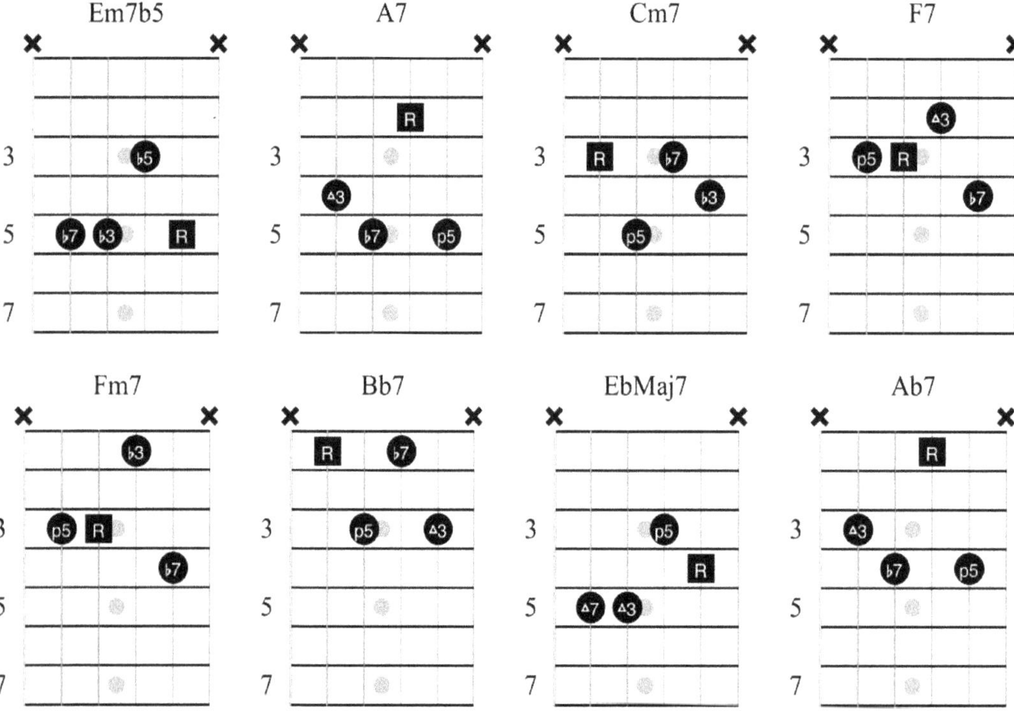


| | Em7♭5 | A7 | Cm7 | F7 | Fm7 | B♭7 | E♭maj7 | A♭7 |
|---|---|---|---|---|---|---|---|---|
| Takt | 1 | 2 | 3 | 4 | 5 | 6 | 7 | 8 |
| T | 5 | 5 | 4 | 4 | 4 | 3 | 4 | 4 |
| | 3 | 2 | 3 | 2 | 1 | 1 | 3 | 1 |
| A | 5 | 5 | 5 | 3 | 3 | 3 | 5 | 4 |
| B | 5 | 4 | 3 | 3 | 3 | 1 | 5 | 3 |

Wenn du selbstbewusster geworden bist, versuche, den Akkorden einfache Erweiterungen/Alterationen hinzuzufügen, wo du sie für angemessen hältst. Eine Möglichkeit, dies zu tun wird unten gezeigt, aber du solltest dir so viele Ansätze wie möglich ausdenken.

**Beispiel 3g:**

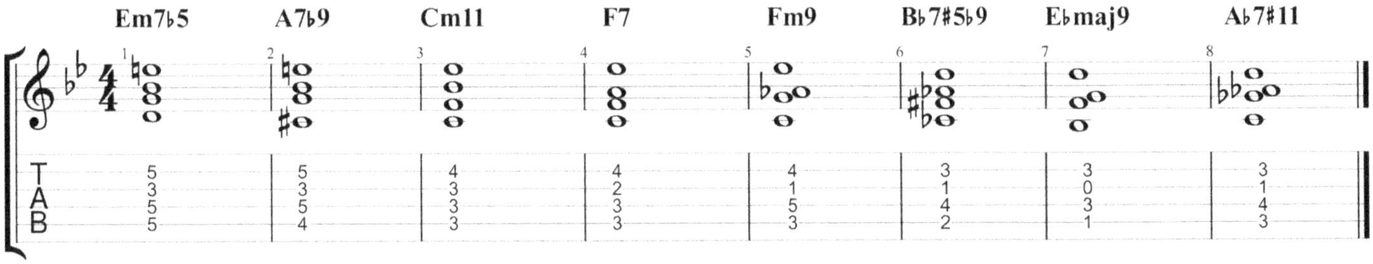

| | Em7♭5 | A7♭9 | Cm11 | F7 | Fm9 | B♭7♯5♭9 | E♭maj9 | A♭7♯11 |
|---|---|---|---|---|---|---|---|---|
| T | 5 | 5 | 4 | 4 | 4 | 3 | 3 | 3 |
| | 3 | 3 | 3 | 2 | 1 | 1 | 0 | 1 |
| A | 5 | 5 | 3 | 3 | 5 | 4 | 3 | 4 |
| B | 5 | 4 | 3 | 3 | 3 | 2 | 1 | 3 |

*OK, hier habe ich eine bisschen geschummelt und eine offene Saite benutzt! Allerdings steht immer das Musizieren im Vordergrund, und ich war der Meinung, dass dies zu diesem Zeitpunkt das beste Voicing ist.

Um die vorherige Übung zu erweitern, teile den Hals in verschiedene Abschnitte von sechs Bünden auf und spiele jede Woche die ganze Melodie in einem neuen Abschnitt.

Das folgende Beispiel zeigt eine Möglichkeit, die nächsten acht Takte von Bella zwischen dem sechsten und zehnten Bund zu spielen.

**Beispiel 3h:**

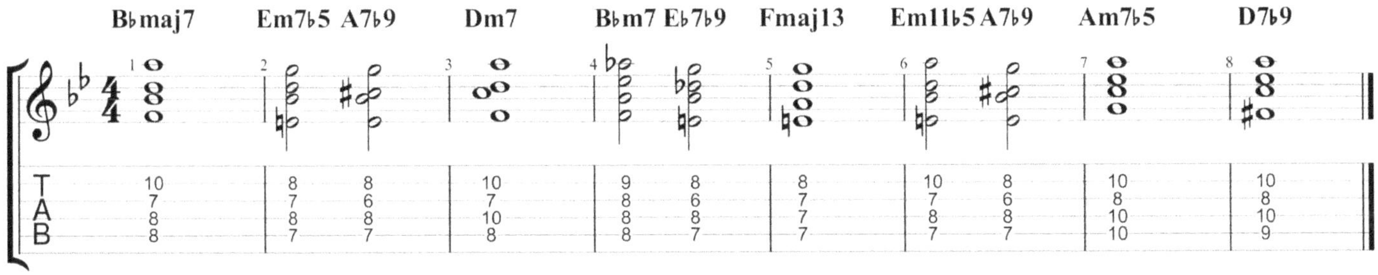

| | B♭maj7 | Em7♭5 | A7♭9 | Dm7 | B♭m7 | E♭7♭9 | Fmaj13 | Em11♭5 | A7♭9 | Am7♭5 | D7♭9 |
|---|---|---|---|---|---|---|---|---|---|---|---|
| T | 10 | 8 | 8 | 10 | 9 | 8 | 8 | 10 | 8 | 10 | 10 |
| | 7 | 7 | 6 | 7 | 8 | 6 | 7 | 7 | 6 | 8 | 8 |
| A | 8 | 8 | 8 | 10 | 8 | 8 | 7 | 8 | 8 | 10 | 10 |
| B | 8 | 7 | 7 | 8 | 8 | 7 | 7 | 7 | 7 | 10 | 9 |

Versuche, so viele dicht arrangierte Arrangements durch die Akkorde in verschiedenen Positionen zu finden. Beginne mit einfachen GT-7-Voicings, bevor du Erweiterungen und Alterationen vornimmst.

* * *

Es gibt viele Möglichkeiten, Akkorde auf der Gitarre mit verschiedenen Saitengruppen und unterschiedlichen Strukturen zu spielen. Zum Beispiel könnten wir nur die oberen vier Saiten, die mittleren vier Saiten oder jede andere Kombination von Saiten verwenden.

Wir werden uns in späteren Kapiteln ausführlicher mit Akkord-Voicings auf anderen Saitensätzen befassen, aber bedenke, dass jede der vorherigen Voicing-Übungen auf andere Voicing-Arten angewendet werden könnte (und sollte), wobei hier „Drop 2"- und „Drop 3"-Akkordstrukturen am häufigsten verwendet werden.

Damit du mit anderen Voicings starten kannst, werfen wir einen Blick auf die ersten acht Takte von Bella, und beginnen mit einem Drop-3-Voicing des Em7b5-Akkords. Bis jetzt haben wir hauptsächlich Drop-2-Voicings für Akkorde verwendet. Schlage weitere Erklärungen zu diesem Konzept in meinem Buch „Jazz Guitar Chord Mastery“ nach.

Em7b5 kann wie folgt als Drop 3-Voicing gespielt werden:

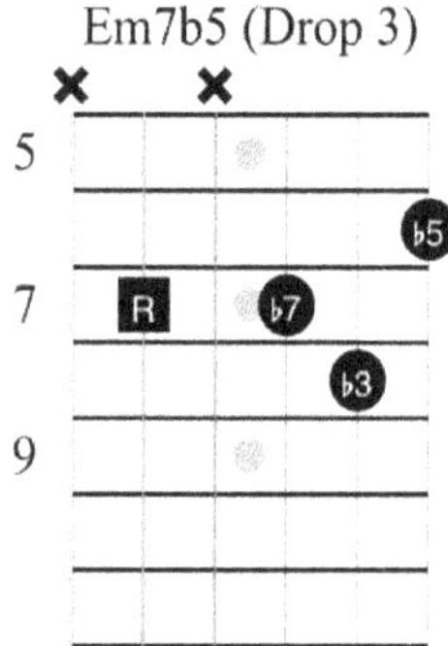


Spiele wieder durch die Akkordfolge, wobei du die Bewegung jeder Stimme so nah wie möglich an der vorherigen Stimme und gleichzeitig die Noten auf den gleichen Saiten hältst.

**Beispiel 3i:**

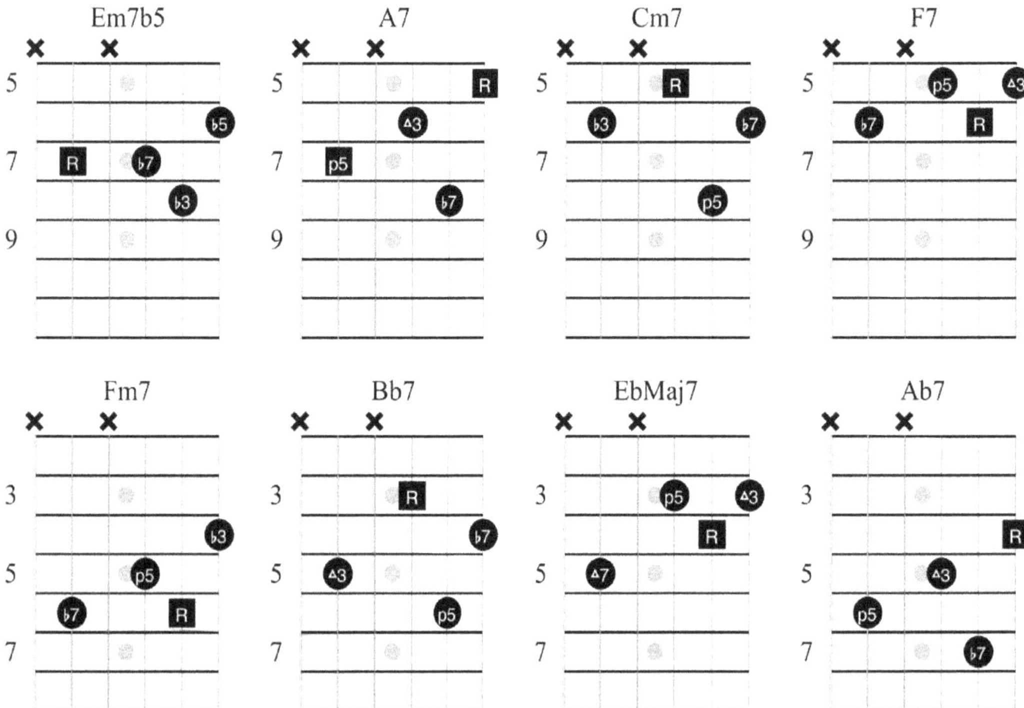

Em7♭5 A7 Cm7 F7 Fm7 B♭7 E♭maj7 A♭7

Führe diesen Ansatz während des gesamten Songs fort.

Die Verwendung verschiedener Voicings hilft dir, Intervalle am Hals zu sehen, anstatt sich einzelne Akkordgriffe zu merken. Wenn du natürlich bereits diese Akkord-Voicings kennst, musst du sicherstellen, dass du jeden Akkord in Bezug auf seine einzelnen Intervalle und nicht nur als eine vordefinierte Form siehst.

Das Ziel dieses Buches ist es, dir beizubringen zu lernen, welche Intervalle du verwendest, wenn du einen Akkord spielst. Das Einprägen von Akkordformen ist ein guter Anfang, aber wenn man nicht über Formen hinausschaut, übersieht man die grundlegenderen Konzepte der Intervallerkennung, der Stimmführung und der spontanen Kreativität. Während sich deine Fähigkeiten weiterentwickeln, fängst du an, bewusst Intervalle auszuwählen, wenn du Rhythmusgitarren-Parts improvisierst.

Das folgende Beispiel beginnt mit einem Drop-2 auf den oberen vier Saiten und verwendet eng arrangierte Akkorde, um sich durch den ‘C’-Abschnitt (Takte 25 - 32) von Bella by Barlight mit GT-7-Voicings zu bewegen. Die folgenden Akkordformen werden in absteigender Reihenfolge wiederholt.

**Beispiel 3j:**

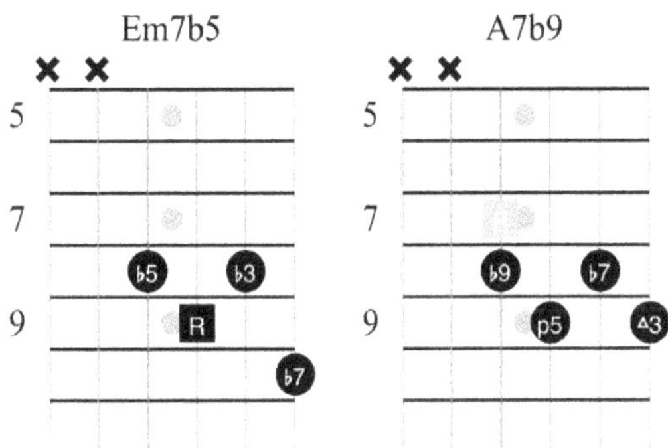


Em7♭5 A7♭9 Dm7♭5 G7♭9 Cm7♭5 F7♭9 B♭maj7

Das vorherige Beispiel ist ziemlich vorhersehbar und folgt der Harmonie. Versuche, die gleiche Folge zu spielen, aber diesmal steige wie abgebildet den Hals hinauf.

**Beispiel 3k:**

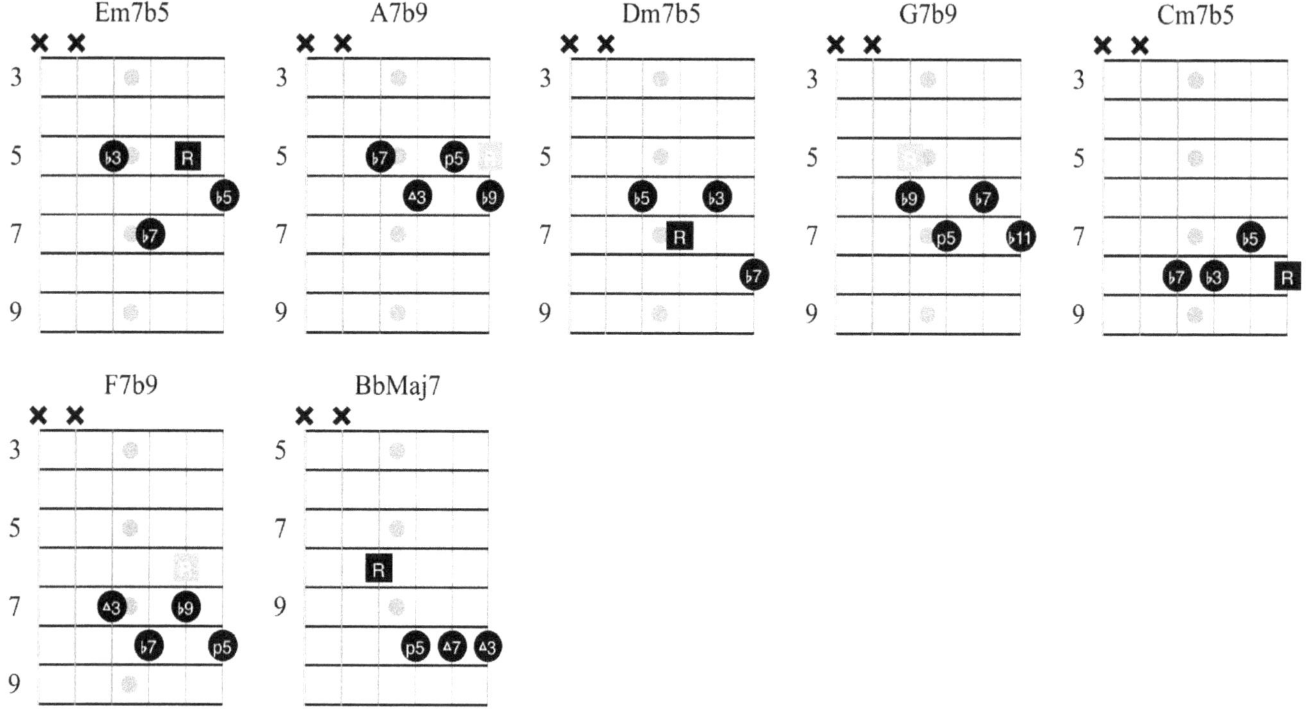


| Em7♭5 | A7♭9 | Dm7♭5 | G7♭9 | Cm7♭5 | F7♭9 | B♭maj7 | |
|---|---|---|---|---|---|---|---|
| 6 | 6 | 8 | 7 | 8 | 8 | 10 | 6 |
| 5 | 5 | 6 | 6 | 7 | 7 | 10 | 6 |
| 7 | 6 | 7 | 7 | 8 | 8 | 10 | 7 |
| 5 | 5 | 6 | 6 | 8 | 7 | 8 | 7 |

Selbst bei relativ einfachen Akkorden ist es eine schöne, musikalische Technik, die Voicings so anzuordnen, dass sie aufsteigen, während die Harmonie absteigt.

Als Abschluss für diesen Abschnitt nehmen wir eine Übungstechnik, die dem, was wir bisher gelernt haben, völlig entgegengesetzt ist, aber eine fantastische Möglichkeit ist, dein Denken zu beschleunigen und deine Kreativität zu steigern.

Das Konzept hinter dieser Technik ist es, den Grundton jedes Akkords auf der gleichen Saite zu halten und gleichzeitig die gleichen Akkordstrukturen zu spielen (Drop 2, Drop 3, etc.). Dies ist ziemlich einfach, wenn der Grundton des Akkords auf der sechsten, fünften oder vierten Saite liegt, aber schwieriger, wenn der Grundton auf der zweiten oder dritten Saite liegt.

Um dies zu demonstrieren, beginnen wir mit dem Grundton von Em7b5 auf der fünften Saite. Wir werden dann durch die ersten vier Takte von Bella by Barlight spielen und den Grundton jedes Akkords auf der gleichen Saite halten. Das bedeutet, dass wir große Entfernungen zurücklegen und unser Denken ständig neu organisieren werden.

Dies sollte eine recht einfache Übung sein, da du diese Voicings wahrscheinlich bereits kennst und die Grundtöne alle auf einer vertrauten Saite liegen.

**Beispiel 3l:**

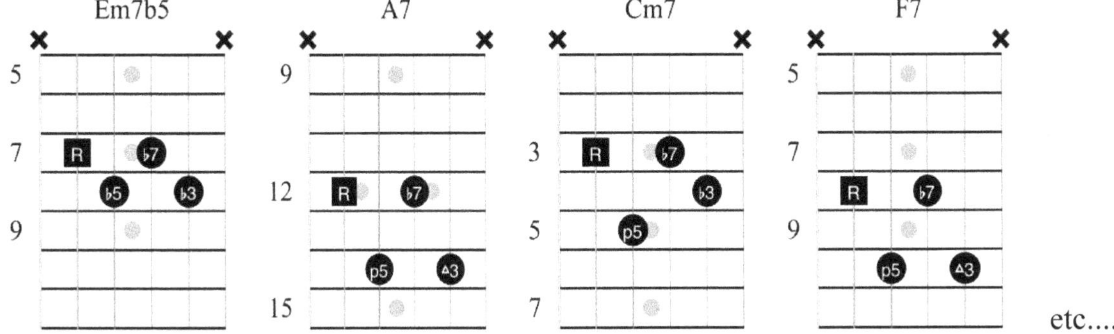


Wenn du übst, baue bewusst *jeden* Akkord, den du spielst, aus seinen zusammensetzenden Intervallen auf, wenn du den Akkord wechselst. Denke nicht an Akkordformen; baue den Akkord Note für Note auf, indem du zuerst den Grundton, dann die 3., 5. und schließlich die 7. platzierst. Später, wenn du Erweiterungen oder Alterationen hinzufügst/ersetzt, solltest du sofort sehen können, welche Intervalle du ersetzen möchtest.

Versuche die Übung noch einmal, aber diesmal behalte den Grundton jedes Akkords auf der *zweiten* Saite. Denke daran, dass du dir keine Akkordformen merken solltest! Finde jedes Mal den Grundton auf der zweiten Saite und baue den Akkord aus dem Grundton auf.

**Beispiel 3m:**

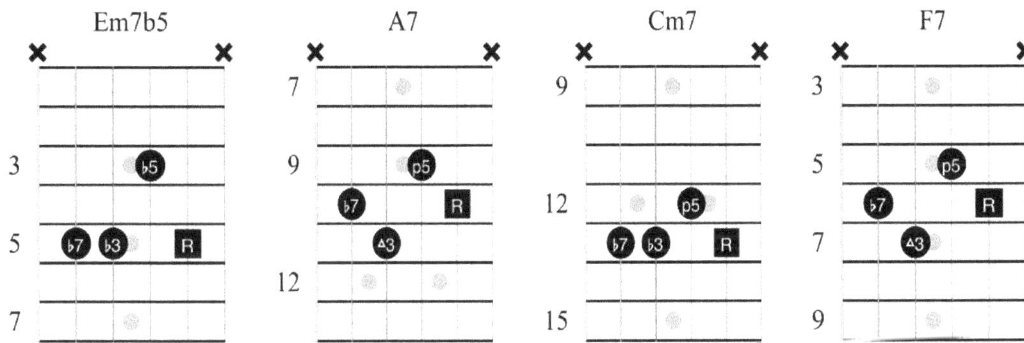


Die meisten Menschen finden es deutlich schwieriger die vorherigen Voicings zu visualisieren, da sie mit den Intervallen auf der Gitarre nicht so vertraut sind, wenn sie vom Grundton auf der zweiten Saite aus betrachtet werden. Verwende einfache GT-7-Akkorden für die gesamte Folge und achte darauf, dass du den Grundton jedes Akkords auf der zweiten Saite hältst. Du wirst schnell die vier Haupttypen von Jazzakkorden (Maj7, m7, 7 und m7b5) beherrschen, wie sie als Drop-2-Voicings mit dem Grundton auf der zweiten Saite gespielt werden.

Wenn du selbstbewusster wirst, wirst du vielleicht anfangen, Akkordformen zu sehen, nicht einzelne Intervalle. Wenn dies der Fall ist, versuche, die Akkorde in einer anderen Reihenfolge aufzubauen. Platziere z.B. zuerst die 3 des Akkords, dann die 7, dann die 5 und schließlich den Grundton. Halte diese Übungen frisch und herausfordernd, um Notenauswahl und Freiheit in deinem Spiel zu entwickeln.

Der nächste Schritt ist Voicings ohne Grundtöne zu verwenden, während der Grundton eines jeden Akkords auf der zweiten Saite visualisiert wird. Dies ist eine sehr anspruchsvolle Übung.

Spiele zunächst *jeden Akkord* mit einer 9, die den Grundton ersetzt. Jeder Akkord könnte theoretisch je nach Kontext mit einem Grundton oder einer b9 gespielt werden. Nutze dein Ohr, um dir bei der Entscheidung zu helfen.

Hier sind die ersten acht Akkorde von Bella, gespielt mit 9-Voicings ohne Grundton. Der Grundton jeder Saite wird auf der zweiten (B) Saite visualisiert.

**Beispiel 3n:**

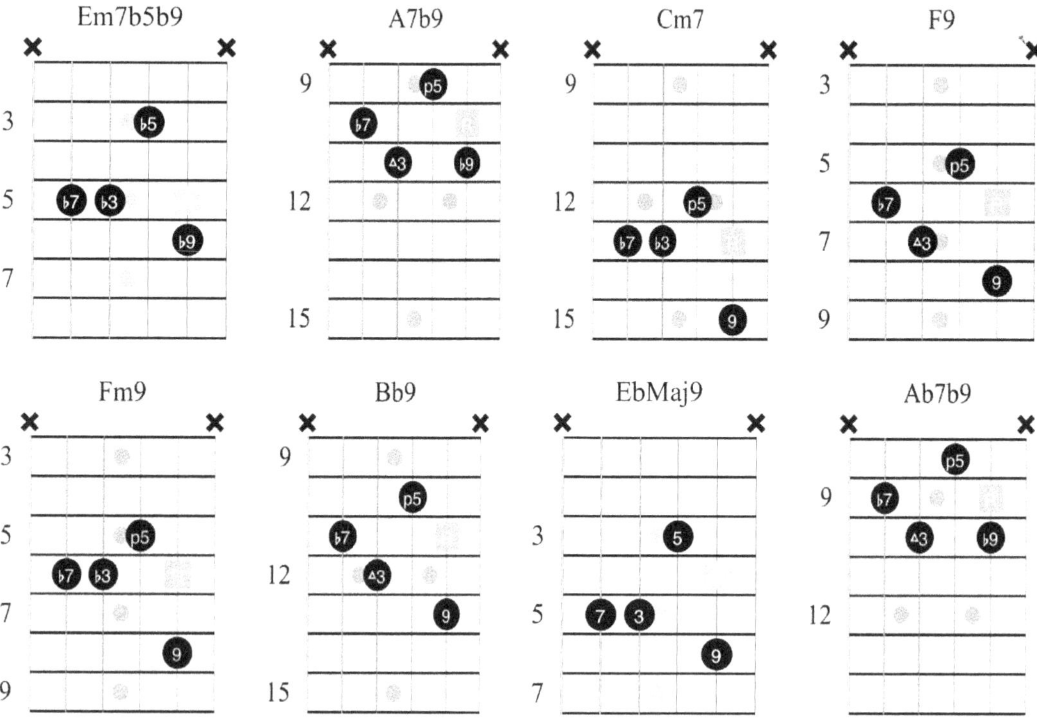


Setze diese Idee durch die volle Bella by Barlight Akkordfolge fort.

Übungen wie diese helfen uns, bestimmte Intervalle zu isolieren und unser Griffbrettwissen enorm zu verbessern, da wir sowohl den Grundton *als auch* seine Substitution visualisieren müssen. Wir können diese Übung weiter ausbauen, um auch die 11 und 13 zu erreichen.

Du wirst inzwischen bemerkt haben, dass das Platzieren des Grundtons auf der zweiten Saite bedeutet, dass alle anderen Akkordtöne auch auf den gleichen Saiten bleiben, d. h. die 3 ist immer auf der vierten Saite und die 5 ist immer auf der dritten Saite, wenn wir Drop-2-Akkord-Voicings verwenden.

Spiele die Akkordfolge noch einmal durch, aber diesmal ersetze die 3 eines jeden Akkords durch eine natürliche 11. Die Akkorde klingen ungewöhnlich und es gibt einige unangenehme Griffe, aber es ist eine großartige Übung, um uns zu helfen, das Griffbrett besser zu visualisieren. Nimm dir Zeit für diese Aufgaben und arbeite in kleinen Blöcken von ein oder zwei Takten.

**Beispiel 3o:**

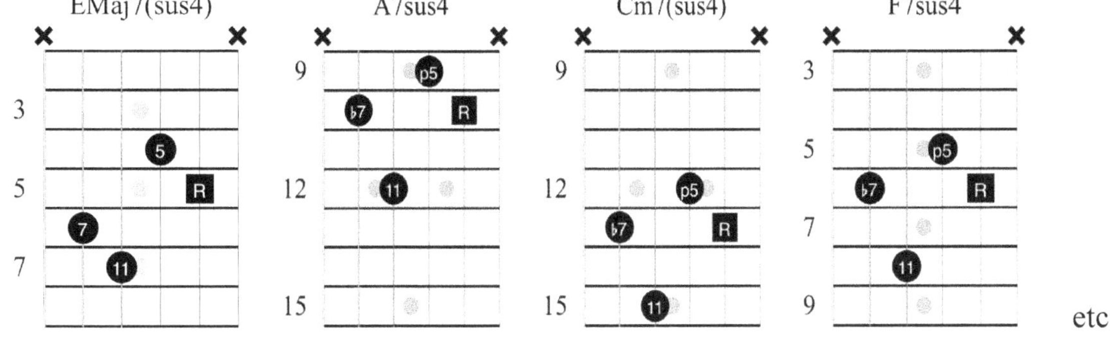


Ersetze schließlich jede 5 durch eine 13.

**Beispiel 3p:**

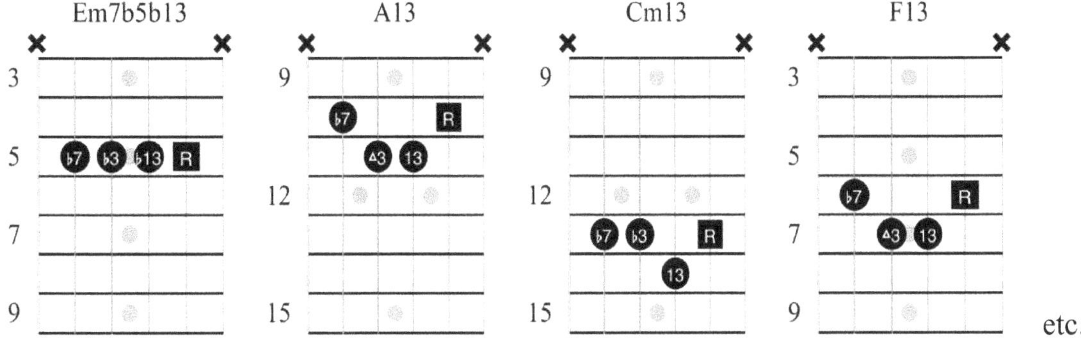


Das Ändern von Akkorden auf diese Weise funktioniert gut mit Drop 2-Akkorden mit Grundtönen auf der zweiten Saite, obwohl einige Formen möglicherweise unmöglich zu spielen sind, wenn der Grundton auf der dritten oder vierten Saite platziert wird, also tu einfach, was du kannst. Wenn ein Voicing unspielbar ist, spiele einfach den R-7-Akkord oder passe eine andere Note an.

Es wird Zeit brauchen, um Selbstvertrauen und Überblick mit diesen Übungen zu entwickeln, aber wenn du beginnst dich zu verbessern, versuche, den gleichen Satz Übungen mit Drop 2-Akkorden mit dem Grundton auf der *dritten* Saite durchzuarbeiten.

Dein Ausgangspunkt für diese Übungen könnte das folgende Voicing von Em7b5 sein

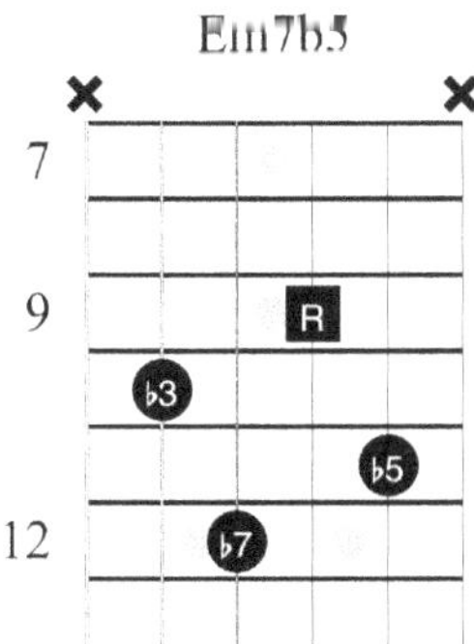

Wenn du denkst, dass dir die Startpunkte ausgegangen sind, könntest du dein Gedächtnis mit den essentiellen Akkord-Voicings im Buch „Jazz Guitar Chord Mastery“ auffrischen.

Als Erweiterung zu diesen Übungen kannst du versuch, die oben genannten Substitutionsideen mit einer Eingrenzung auf einen Bundbereich zu wiederholen. Spiele, yum Beispiel, jeden Akkord als 9-Akkord (ersetze den Grundton), aber halte dein Spiel innerhalb eines vorbestimmten Sechs-Bund-Bereichs am Hals.

Das folgende Beispiel zeigt, wie man die ersten acht Akkorde von Bella by Barlight als 9-Akkord im Bereich der ersten fünf Bünde spielt.

**Beispiel 3q:**

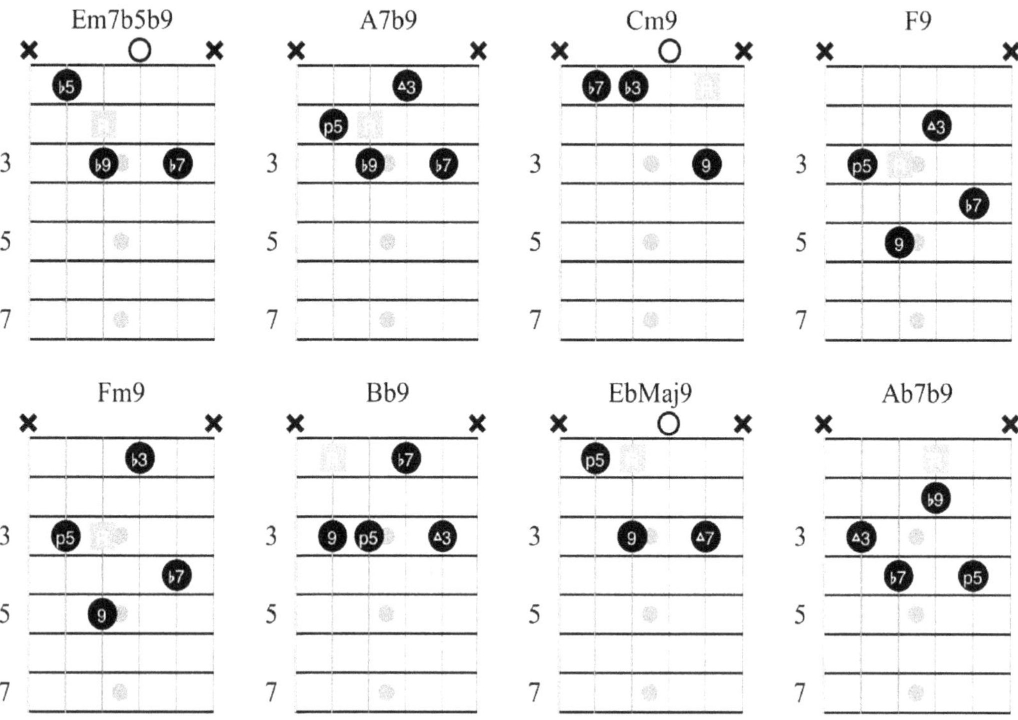


Wiederhole diese Übung in anderen begrenzten Bereichen auf der Gitarre.

Die in diesem Kapitel gezeigten Übungen können und sollten mit allen anderen gängigen Akkordstrukturen wiederholt werden und können auf jede Jazzfolge angewendet werden. Sie bieten ein solides Fundament für die Stimmführung auf der Jazzgitarre.

# Kapitel Vier: Sekundärdominanten

„Jedem Akkord kann ein dominanter Akkord vorausgehen, der eine Quinte darüber gespielt wird."

Sekundärdominante (oder zwischendominante) Akkorde werden oft in der Jazz-Harmonie verwendet und bieten uns viele Möglichkeiten, interessante und komplexe Akkordfolgen zu erzeugen. Lass uns damit beginnen, zu diskutieren wie man Sekundärdominanten im Detail mit einigen einfachen Akkord-Voicings bildet.

Die erste Übung lehrt uns, wie man einen dominanten Akkord auf der 5 eines jeden Akkords in einer harmonisierten C-Dur-Tonleiter spielt. Ein dominanter Akkord auf der 5 eines beliebigen Akkords wird als *Sekundärdominante* bezeichnet, da er dem „richtigen" dominanten Akkord der Tonart untergeordnet ist.

Die harmonisierte Tonleiter von C-Dur kann mit Drop-2-Voicings wie folgt gespielt werden:

**Beispiel 4a:**

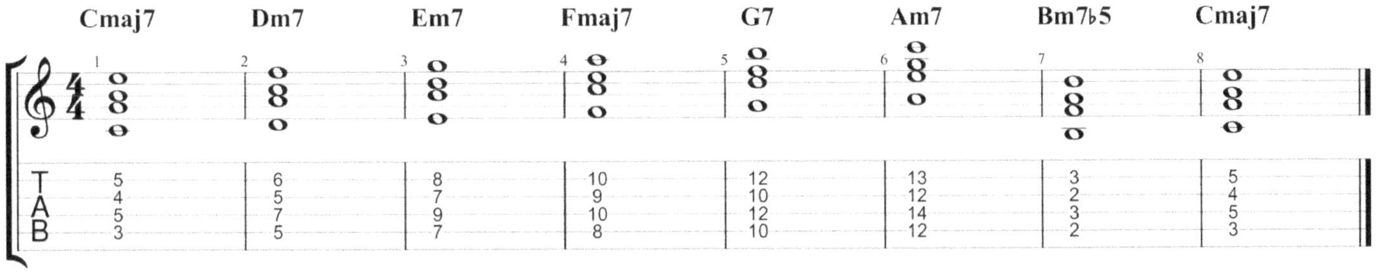

Cmaj7 Dm7 Em7 Fmaj7 G7 Am7 Bm7♭5 Cmaj7

Als nächstes müssen wir lernen, was die Sekundärdominante jedes dieser Akkorde ist. Sie sind in der folgenden Tabelle dargestellt:

| **Akkord** | **Sekundärdominante** |
|---|---|
| CMaj7 | G7 |
| Dm7 | A7 |
| Em7 | B7 |
| FMaj7 | C7 |
| GMaj7 | D7 |
| Am7 | E7 |
| Bm7b5 | F#7 * |

*Du erwartest vielleicht, dass die Sekundärdominante für Bm7b5 F7 ist, aber das ist sie nicht. Sekundärdominanten werden immer auf der *perfekten* Quinte des Grundtons gebildet, so dass wir die Tatsache ignorieren, dass m7b5-Akkorde eine b5 enthalten (im Falle von Bm7b5 ist das b5 F, eine diatonische Note in der Tonleiter von C), und wir verwenden die *perfekte 5* (F#), obwohl diese nicht diatonisch zur Tonart von C ist.

Wir können nun einen sekundärdominanten Akkord vor jedem Akkord in der Tonart C-Dur platzieren.

**Beispiel 4b:**

Cmaj7 A7 Dm7 B7 Em7 C7 Fmaj7 D7

G7 E7 Am7 F#7 Bm7♭5 G7 Cmaj7

*Achtung! Auch hier ist die visuelle Natur des Gitarrenhalses unser Feind. Es ist leicht, sich mit den Griffmustern und Formen zu beschäftigen, wie du oben sehen kannst. Durchlaufe den mentalen Prozess die dominante Note jedes Akkords zu finden, anstatt zu denken, dass du nur einen dominanten Akkord über eine Saite bewegen musst. Sage jede einzelne Note laut, ohne auf deine Gitarre zu schauen, um sicherzustellen, dass du dich nicht auf visuelle Muster von Grundtonbewegungen verlässt.

In dieser Phase besteht der Gesamteffekt darin, eine Art „klassisches“ Gefühl zu erzeugen. Im Wesentlichen (mit Ausnahme des diatonischen G7) führt jede Sekundärdominante Noten in die Sequenz ein, die nicht in der ursprünglichen Tonart sind, und klassische Musiker würden diese Sequenz als acht Mini-Modulationen oder Tonartwechsel betrachten.

Da du jetzt verstehst wie sekundärdominante Akkorde funktionieren, können wir die vorherige Akkordfolge mit besserer Stimmführung wiederholen, indem wir vierstimmige Voicings für eine bestimmte Saitengruppe verwenden.

Beginnen wir mit Drop-2-Voicings auf den oberen vier Saiten. Es ist wichtig, dass du diese Voicings kennst. Wenn du Zweifel hast, sieh im Buch „Jazz Guitar Chord Mastery“ nach.

**Beispiel 4c:**

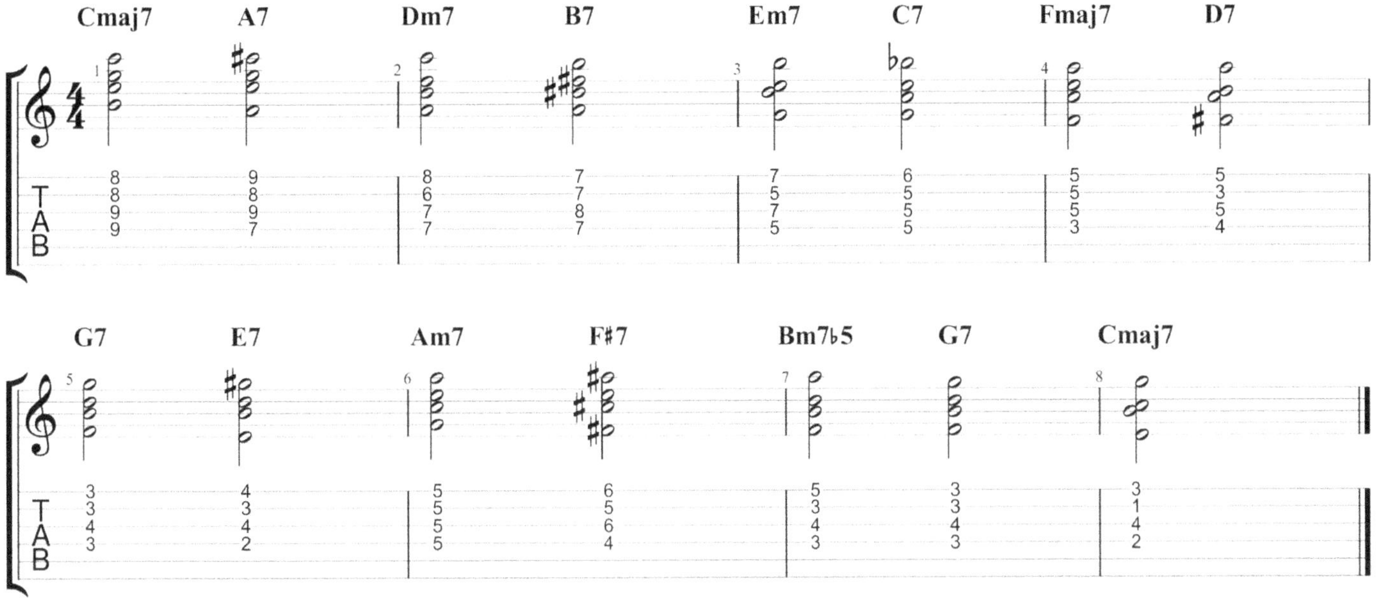

Cmaj7 A7 | Dm7 B7 | Em7 C7 | Fmaj7 D7

| | Cmaj7 | A7 | Dm7 | B7 | Em7 | C7 | Fmaj7 | D7 |
|---|---|---|---|---|---|---|---|---|
| T | 8 | 9 | 8 | 7 | 7 | 6 | 5 | 5 |
| | 8 | 8 | 6 | 7 | 5 | 5 | 5 | 3 |
| A | 9 | 9 | 7 | 8 | 7 | 5 | 5 | 5 |
| B | 9 | 7 | 7 | 7 | 5 | 5 | 3 | 4 |

G7 E7 | Am7 F#7 | Bm7b5 G7 | Cmaj7

| | G7 | E7 | Am7 | F#7 | Bm7b5 | G7 | Cmaj7 |
|---|---|---|---|---|---|---|---|
| T | 3 | 4 | 5 | 6 | 5 | 3 | 3 |
| | 3 | 3 | 5 | 5 | 3 | 3 | 1 |
| A | 4 | 4 | 5 | 6 | 4 | 4 | 4 |
| B | 3 | 2 | 5 | 4 | 3 | 3 | 2 |

Durch die Verwendung von Sekundärdominanten und guter Stimmführung klingt selbst eine diatonische Tonleiter musikalisch und interessant, obwohl dies immer noch nur die Spitze des Eisbergs ist.

Wenn du mit Drop-2-Akkordformen vertraut bist und versiert darin bist, dich durch diese dominante Folge zu „denken“, versuche, über die Akkordformen hinaus die einzelnen Intervalle in jedem Akkord zu sehen. Allerdings ist diese Übung mental ziemlich anspruchsvoll, also sollte deine erste Priorität sein jeden dominanten Akkord sofort abrufen zu können.

Teste dich selbst:

Was ist die Sekundärdominante von Am7?

Was ist die Sekundärdominante von Em7?

Was ist die Sekundärdominante von Bb7?

Wenn deine Antworten nicht sofort kommen, übe weiter, bis du sofort antworten kannst. Es kann nützlich sein, Lernkarten zu erstellen, um sich selbst stichprobenartig zu testen.

Das vorherige Beispiel hat eine enge Stimmführung verwendet, aber im Allgemeinen neigten die Voicings dazu, abzusteigen. In Kapitel drei haben wir verschiedene Möglichkeiten diskutiert, Akkordfolgen zu analysieren, also lass uns kurz einige dieser Techniken anwenden, bevor wir weitermachen.

Da sich die Voicings im vorherigen Beispiel nach unten bewegen, lass uns die obere Note entweder gleich halten oder nach oben ziehen. Die ersten beiden Takte habe ich erledigt, aber du solltest die Sequenz selbst fortsetzen. Es ist eine wichtige Übung.

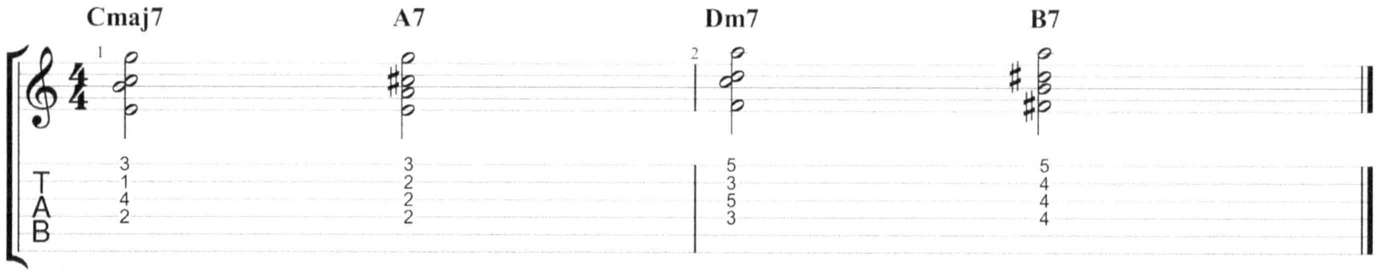

| Cmaj7 | A7 | Dm7 | B7 |
|---|---|---|---|
| 3 | 3 | 5 | 5 |
| 1 | 2 | 3 | 4 |
| 4 | 2 | 5 | 4 |
| 2 | 2 | 3 | 4 |

Als nächstes bleibe in einem Bereich von fünf oder sechs Bünden.

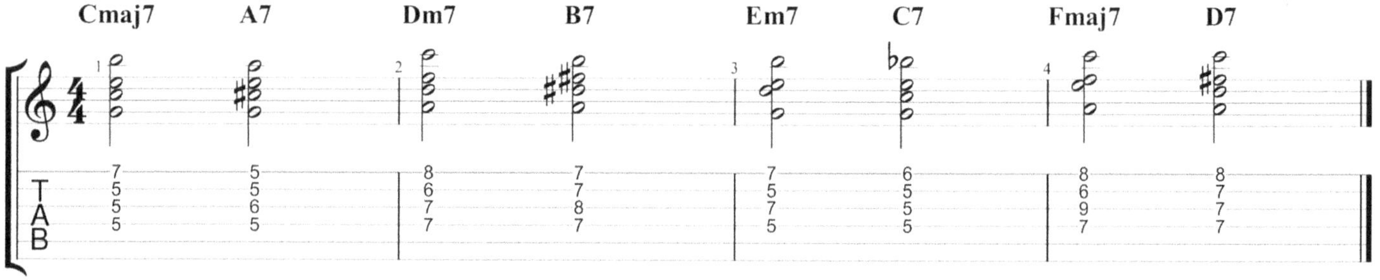

| Cmaj7 | A7 | Dm7 | B7 | Em7 | C7 | Fmaj7 | D7 |
|---|---|---|---|---|---|---|---|
| 7 | 5 | 8 | 7 | 7 | 6 | 8 | 8 |
| 5 | 5 | 6 | 7 | 5 | 5 | 6 | 7 |
| 5 | 6 | 7 | 8 | 7 | 5 | 9 | 7 |
| 5 | 5 | 7 | 7 | 5 | 5 | 7 | 7 |

Arbeite die Übungsideen von Kapitel Drei mit dieser Akkordfolge durch. Probiere sie mit verschiedenen Voicings und auf verschiedenen Saitensätzen aus. Denke daran, die wichtigsten Optionen sind:

1) Die oberste Note bleibt gleich oder steigt mit jedem Akkord an.

2) Die oberste Note steigt mit jedem Akkord an.

3) Die oberste Note bleibt gleich oder sinkt mit jedem Akkord ab.

4) Die oberste Note sinkt mit jedem Akkord.

5) Spiele innerhalb eines vorbestimmten Bund-Bereichs.

6) Halte den Grundton eines jeden Voicings auf der gleichen Saite.

Konzentriere dich darauf, vorerst nur die oberen vier Saiten zu verwenden, aber du kannst später hierher zurückkehren, um diese Übungsideen auf sekundärdominante Akkorde anzuwenden, die unterschiedliche Voicings auf verschiedenen Saitensätzen verwenden.

Als nächstes fangen wir an, jedem dominanten Akkord einige veränderte Spannungen hinzuzufügen. Da jeder sekundärdominante Akkord als funktionale (auflösende) Dominante fungiert, können wir jedem einzelnen so viel Spannung hinzufügen, wie wir wollen.

Wir beginnen damit, den Grundton jedes dominanten Akkords durch ein b9-Intervall zu ersetzen, während wir Drop-2-Voicings auf den oberen vier Saiten verwenden.

**Beispiel 4d:**

| | Cmaj7 | A7♭9 | Dm7 | B7♭9 | Em7 | C7♭9 | Fmaj7 | D7♭9 |
|---|---|---|---|---|---|---|---|---|
| T | 7 | 6 | 5 | 5 | 3 | 3 | 5 | 5 |
| A | 5 | 5 | 3 | 4 | 3 | 2 | 5 | 4 |
| B | 5 | 6 | 5 | 5 | 4 | 3 | 5 | 5 |
| | 5 | 5 | 3 | 4 | 2 | 2 | 3 | 4 |

| | G7 | E7♭9 | Am7 | F♯7♭9 | Bm7♭5 | G7♭9 | Cmaj7 |
|---|---|---|---|---|---|---|---|
| T | 3 | 4 | 5 | 6 | 7 | 7 | 8 |
| A | 3 | 3 | 5 | 5 | 6 | 6 | 8 |
| B | 4 | 4 | 5 | 6 | 7 | 7 | 9 |
| | 3 | 3 | 5 | 5 | 7 | 6 | 9 |

Dieses Beispiel veranschaulicht auf schöne Weise ein Konzept namens *verminderte Substitution*. Das Spielen eines verminderten 7-Akkords auf der 3 eines dominanten Akkords bildet immer einen 7b9-Akkord ohne Grundton. Zum Beispiel,

C#Dim7 über A7 = A7b9.

D#Dim7 über B7 = B7b9.

Arbeite das vorherige Beispiel noch einmal durch und stelle sicher, dass du sehen kannst, dass du, wenn du den Grundton eines jeden 7-Akkords um einen Halbton erhöhst, einen 7b9-Akkord bildest. Dies kann auch als das Spielen eines verminderten 7-Akkords (1 b3 b5 bb7) auf der 3 des ursprünglichen dominanten 7-Akkords angesehen werden.

Wiederholen wir die Übung, aber diesmal werden wir auch jedem der Akkorde der ursprünglichen diatonischen Tonleiter eine 9 hinzufügen. Beachte, dass Akkord III (Em7) und Akkord VII (Bm7b5) beide mit einer b9 harmonisiert werden, nicht einer natürlichen 9.

**Beispiel 4e:**

| Cmaj9 | A7♭9 | Dm9 | B7♭9 | Em7♭9 | C7♭9 | Fmaj9 | D7♭9 |
|---|---|---|---|---|---|---|---|
| 7 | 6 | 5 | 5 | 3 | 3 | 5 | 5 |
| 5 | 5 | 5 | 4 | 3 | 2 | 5 | 4 |
| 7 | 6 | 5 | 5 | 4 | 3 | 5 | 5 |
| 5 | 5 | 3 | 4 | 3 | 2 | 5 | 4 |

| G9 | E7♭9 | Am9 | F♯7♭9 | Bm7♭5♭9 | G7♭9 | Cmaj9 |
|---|---|---|---|---|---|---|
| 5 | 4 | 3 | 3 | 5 | 4 | 3 |
| 3 | 3 | 1 | 2 | 3 | 3 | 3 |
| 4 | 4 | 4 | 3 | 5 | 4 | 4 |
| 3 | 3 | 2 | 2 | 3 | 3 | 2 |

Schließlich ändern wir jeden dominanten Akkord auf eine weitere Weise und spielen jeden einzelnen mit einer #5 (b13), indem wir die 5 um einen Halbton erhöhen. Chromatische Alterationen auf diese Weise zu isolieren ist eine gute Möglichkeit, zu lernen, Intervalle zu sehen und ihre Wirkung zu hören. Um die Dinge einfach zu halten, werde ich wieder R-7-Voicings auf jedem diatonischen Akkord spielen.

Die Anpassung der 5 eines jeden dominanten Akkords ist etwas komplizierter, um dir also zu helfen, sind hier die vier Dominant-7-Akkordformen, die wir verwenden werden. Finde die 5 in jeder Form und erhöhe sie einfach um einen Halbton, um zur #5 (b13) zu gelangen.

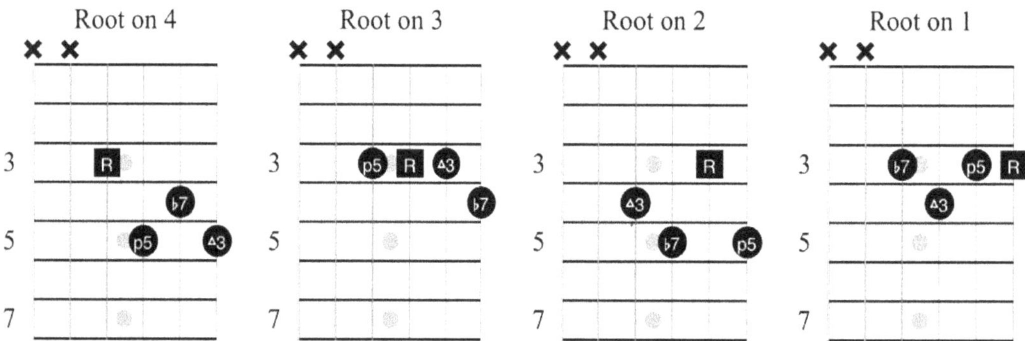


Wenn du mit der Position aller Quinten sicher bist, gehe die gleiche diatonische Akkordfolge durch und spiele jeden sekundärdominanten Akkord mit einer #5(b13).

**Beispiel 4f:**

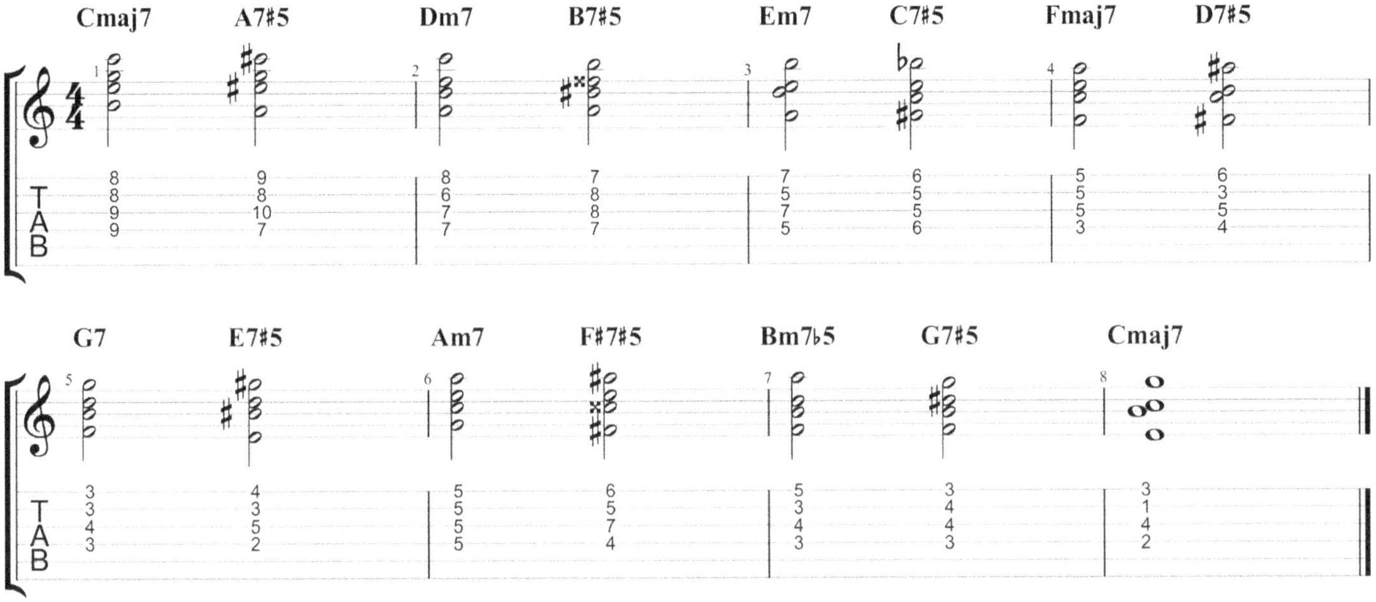

Cmaj7 A7#5 Dm7 B7#5 Em7 C7#5 Fmaj7 D7#5

G7 E7#5 Am7 F#7#5 Bm7b5 G7#5 Cmaj7

Wiederhole die Übung und spiele jeden sekundärdominanten Akkord mit einer #5 *und* einer b9.

Versuche, die vorherigen Übungen aus jeder der vier verschiedenen Voicings des CMaj7-Akkords zu starten:

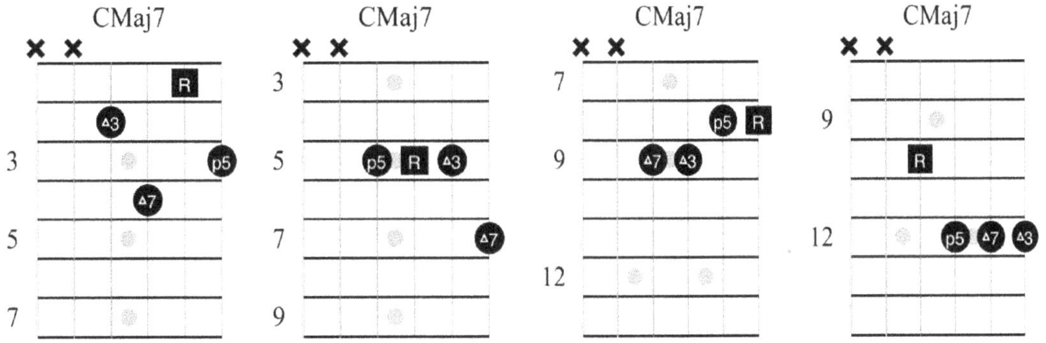

CMaj7 CMaj7 CMaj7 CMaj7

Jedes Mal solltest du in der Lage sein, einen neuen Weg durch die Akkordfolge zu finden.

Wende die Übungen in diesem Kapitel auf verschiedene Akkord-Voicings wie Drop 2- und Drop 3-Akkorde mit Grundtönen auf der fünften und sechsten Saite an. Weitere Voicing-Ideen kannst du in meinem Buch „Jazz Guitar Chord Mastery“ nachschlagen.

Es ist sehr wichtig, dass du die vorherigen Übungen in verschiedenen Tonarten machst. Beginne dein Studium mit der harmonisierten Tonleiter von Bb-Dur:

| I | II | III | IV | V | VI | VII |
|---|---|---|---|---|---|---|
| BbMaj7 | Cm7 | Dm7 | EbMaj7 | F7 | Gm7 | Am7b5 |

Spiele die Übungen in den Tonarten Es, F und G-Dur, bevor du die Molltonarten erforschst.

Bald werden wir anfangen sekundärdominante Akkorde auf echte Jazz-Akkordfolgen anzuwenden, aber zuerst gibt es ein paar wichtige Konzepte.

Das erste Konzept ist, dass du einen zweiten Akkord zu jeder Sekundärdominante hinzufügen kannst. Nehmen wir zum Beispiel diese Akkordfolge:

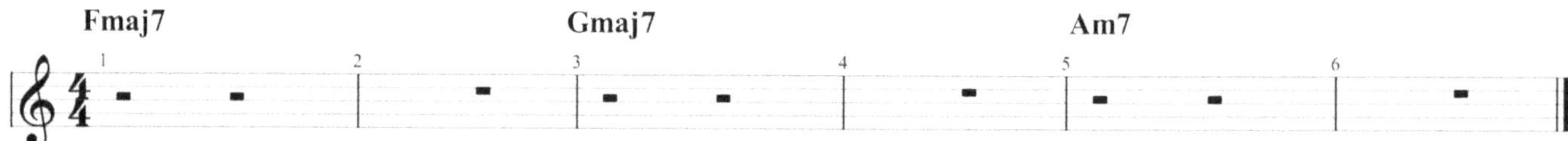


Wir haben gesehen, wie man jedem Akkord eine Sekundärdominante hinzufügt, um die folgende Folge zu erzeugen:

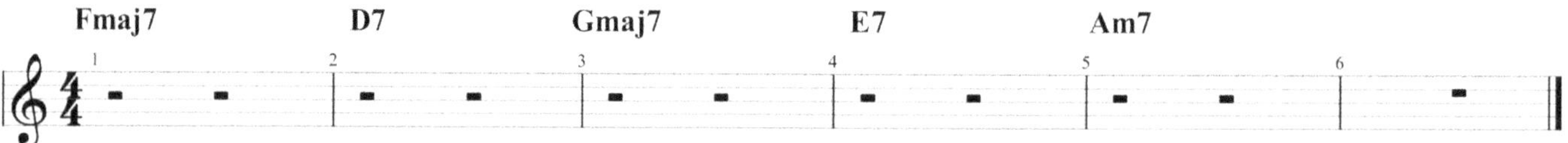


Wir können jedem der Sekundärdominanten Akkorde einen zweiten Akkord voranstellen, um eine II V I-Sequenz auf den folgenden diatonischen Akkord zu bilden.

Der ii Akkord eines Dominant-7-Akkords ist auf der 5 aufgebaut, also ist der ii Akkord, der D7 vorausgeht, ein Am7.

Eine wichtige Sache, die man beachten sollte, ist die *Akkordqualität,* in der sich der sekundärdominante Akkord befindet. Wenn der sekundärdominante Akkord zu einem *Dur-Akkord* auflöst, verwenden wir normalerweise einen *m7* II-Akkord. Wenn die Sekundärdominante in einen *Moll-Akkord* übergeht, verwenden wir normalerweise einen *m7b5*-Akkord.

Diese II V I-Bewegung ist im folgenden Diagramm dargestellt:

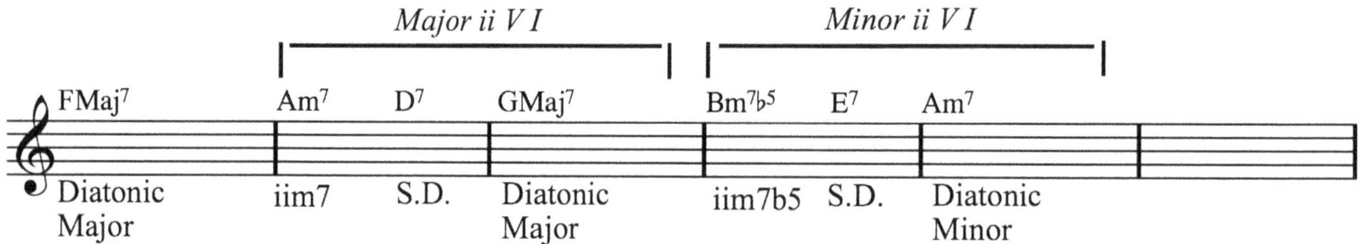


S.D. = Sekundärdominante.

Der zweite Akkord, der auf der 5 von D7 aufgebaut ist, ist Am7. Es ist ein m7-Akkord, weil er zu einem Maj7-Akkord in Takt Drei auflöst.

Der II-Akkord, der auf der 5 von E7 aufgebaut ist, ist ein m7b5-Akkord, weil er sich in Takt Fünf in einen *m7* Akkord auflöst.

Bei der Auflösung auf den diatonischen VII m7b5-Akkord (Bm7b5 in der Tonart C) kann der II-Akkord etwas komisch klingen. Mach dir vorerst keine Sorgen und arbeite die folgende Übung mit Barré-Akkorden und Grundtönen auf der fünften und sechsten Saite durch, wie du es in Beispiel 4b getan hast.

**Beispiel 4g:**

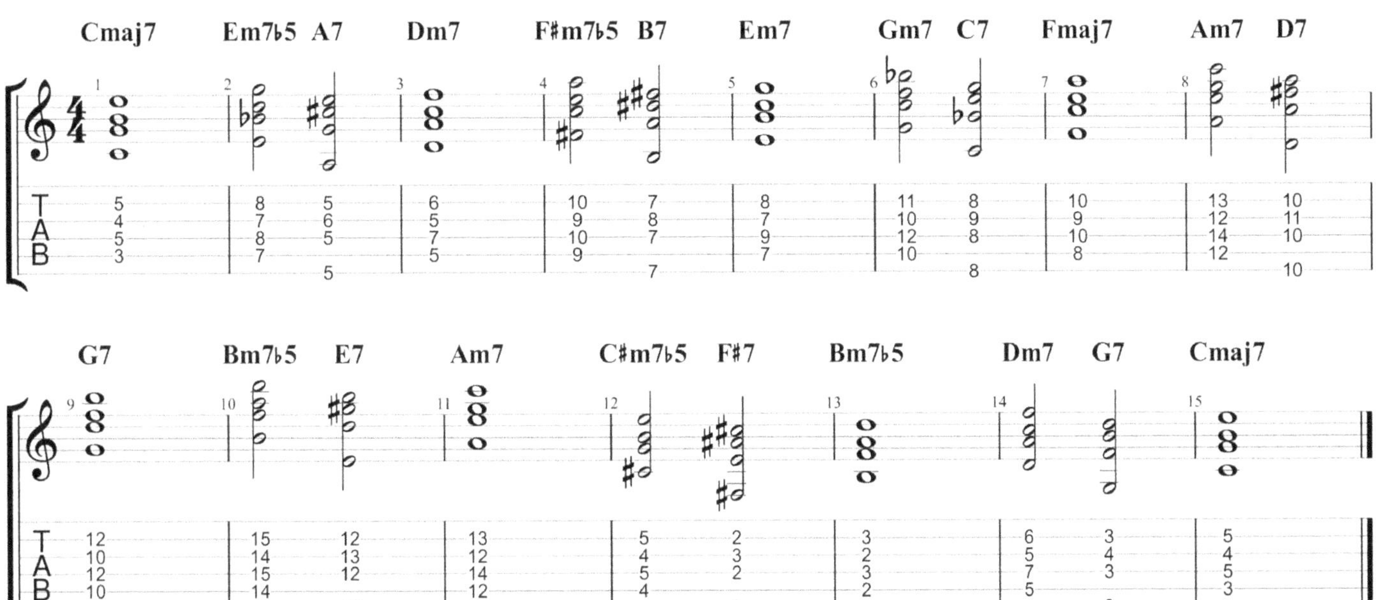


Jeder zweite Takt bildet nun eine II V-Sequenz, die sich in den folgenden diatonischen Akkord auflöst.

Wenn man sich das vorherige Beispiel ansieht, ist es leicht zu erkennen, wie weit wir verglichen zu der einfachen diatonischen Akkordfolge am Anfang dieses Kapitels gekommen sind, aber dies ist wieder einmal nur ein Ausgangspunkt für dein eigenes vertiefendes Studium. Beginne, indem du die vorherige Sequenz mit enger Stimmführung auf den oberen vier Saiten der Gitarre spielst, wie du es zuvor getan hast.

**Beispiel 4h:**

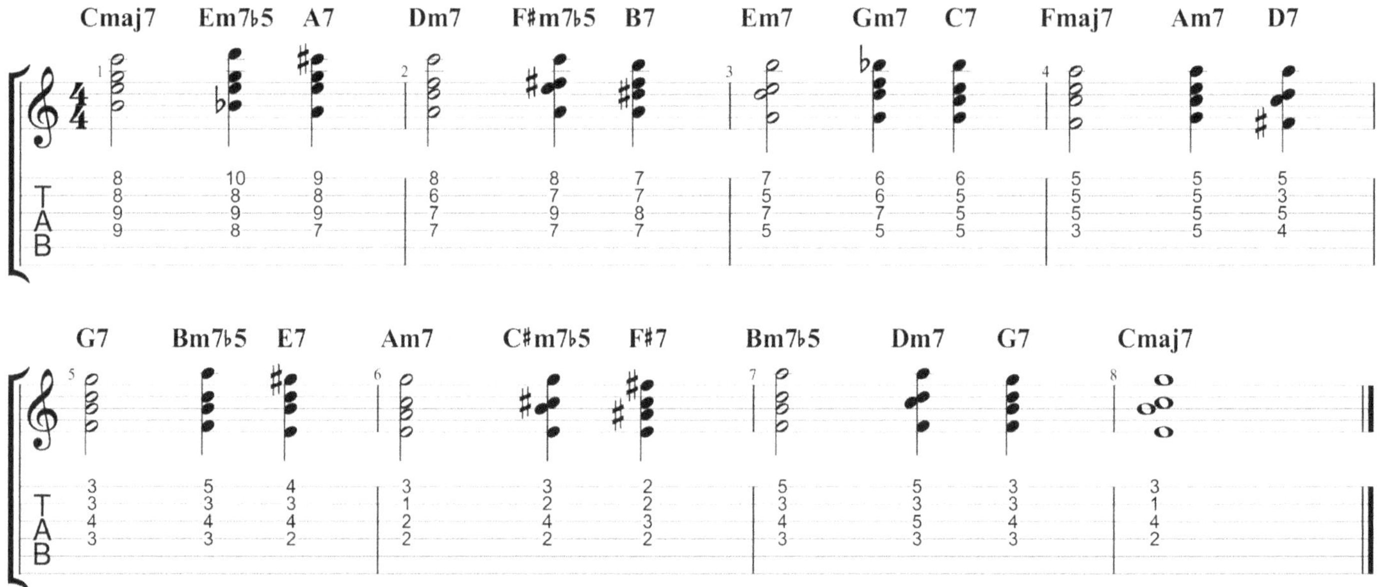


Das obige Beispiel komprimiert die Akkorde in acht Takte, aber mach dir vorerst keine Sorgen um das Timing. Nimm dir Zeit, um das Konzept des Hinzufügens einer „II V“ vor jedem diatonischen Akkord zu verstehen und zu verinnerlichen.

Es gibt nicht genug Platz in diesem Buch, um dich durch all die Permutationen von Alterationen und Erweiterungen, die jedem Akkord hinzugefügt werden können, zu führen, ganz zu schweigen vom Voicing dieser Akkorde in verschiedenen Umkehrungen und Positionen auf der Gitarre.

Gehe nicht zu schnell vor und versuche immer, die Intervalle in jedem Akkord zu sehen – merke dir nicht nur jedes Griffmuster. Die folgende Liste enthält viele Optionen, also sei bereit, diese Ideen über einen Zeitraum von Monaten und Jahren in deine Praxis umzusetzen, nicht nur über Stunden und Tage. Bevor du dich an die folgende Liste machst, lies dieses Kapitel weiter, um zu sehen, wie Sekundärdominanten in einem musikalischen Kontext verwendet werden können.

- Spiele jeden sekundärdominanten Akkord mit einer b9, die den Grundton ersetzt.
- Spiele jeden sekundärdominanten Akkord mit einer #5, die die Quinte ersetzt.
- Spiele jeden sekundärdominanten Akkord sowohl mit der b9 als auch mit der #5.
- Spiele jeden sekundärdominanten Akkord mit einer b5, die die Quinte ersetzt.
- Spiele den zweiten Akkord jeder Sekundärdominante mit einer 9 (oder b9 je nach Funktion), die den Grundton ersetzt.
- Spiele jeden Akkord aus der ursprünglichen diatonischen Sequenz mit einer 9 (oder b9), die den Grundton ersetzt.
- Kombiniere logisch die bisherigen Ideen.
- Beginne mit jeder der vier verschiedenen Umkehrungen des CMaj7-Akkords und steige bei jeder Änderung auf/ab.

- Beginne mit jeder der vier Umkehrungen anderer Voicing-Arten, z. B. Drop-3-Voicings.
- Arbeite an verschiedenen Saitengruppen, beginnend mit jeder der vier Voicings von CMaj7.
- Praktiziere diese Ideen in verschiedenen Tonarten.

## Musikalische Anwendung

Sekundärdominanten und die damit verbundenen ii-Akkorde können fast immer verwendet werden, wenn du Akkorde wechselst. Nehmen wir zum Beispiel die ersten vier Takte von Bella by Barlight.

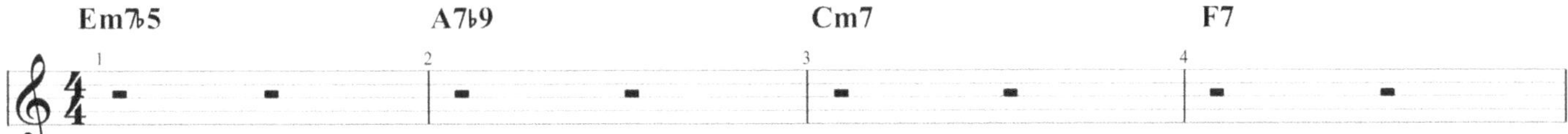


Die ersten beiden Takte von Bella bilden bereits ein ii V, das so aussieht, als sollte es sich auf Dm7 auflösen, obwohl es eigentlich eine Tonartänderung gibt und wir zu Cm7 übergehen. Es ist möglich, sekundärdominante Techniken auf einer bestehenden ii V Akkordfolge zu verwenden, aber es ist einfacher zu erlernen, wenn man sie auf Akkorde anwendet, die nicht bereits eine 5 entfernt sind. In der obigen Sequenz ist A7 zu Cm7 ein Spitzenkandidat.

Die folgende Tabelle zeigt, wie man von Cm7 aus *rückwärts* arbeitet, um die Zwischendominante und dann den II-Akkord hinzuzufügen.

Die Sekundärdominante von C ist G7, und die ii wäre *normalerweise* Dm7b5, weil wir uns auf einen c-Moll-7-Akkord auflösen. Allerdings gibt es hier eine kleine Anomalie, die du beachten solltest. Ich würde empfehlen, dass du einen Dm7-Akkord als ii verwendest, nicht einen Dm7b5.

Der Grund dafür ist, dass der A7-Akkord vor Cm7 die Note A enthält, aber der Dm7b5 die Note Ab enthält (Ab ist die b5 von D). Das Ab klingt nach dem A7 im vorherigen Takt etwas unangenehm. Indem wir den ii-Akkord als Dm7 spielen, vermeiden wir dieses Problem völlig, da Dm7 die Note A als natürliche 5 enthält. Das soll nicht heißen, dass man Dm7b5 *nicht* spielen *kann,* es braucht eben nur ein wenig Sorgfalt.

**Beispiel 4i:**

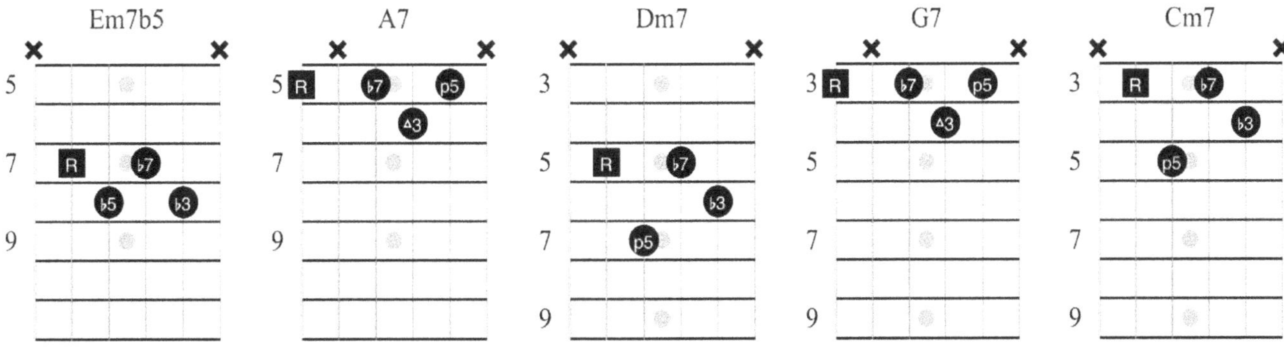

Em7♭5 A7 Dm7 G7 Cm7 F7

Spiele diese Sequenz mit einfachen Grundtonpositions-Akkorden wie folgt durch. Achte sorgfältig auf den Rhythmus von Takt Zwei, da die rhythmische Phrasierung der neu eingeführten Akkorde wichtig ist. Für zusätzliche „Geschmeidigkeit" versuche, jeden dominanten Akkord mit einer 7#5-Spannung zu spielen.

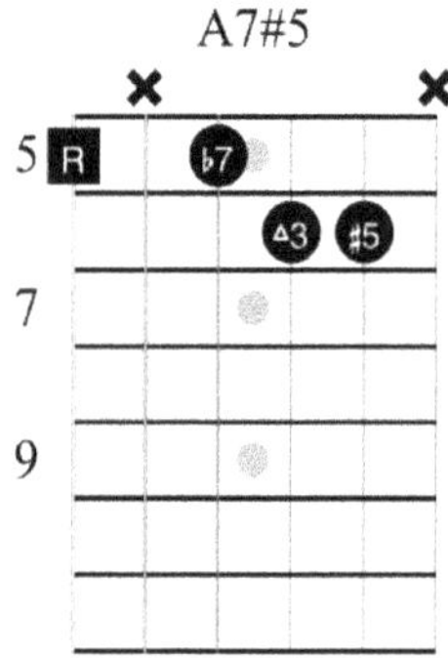


Wir können außerdem eine Sekundärdominante vor den Fm7 in Takt Fünf hinzufügen. Ich habe hier einen dominanten 13-Akkord verwendet, da die 13 von C (A) die gleiche Note ist wie der große 3 von F7 und ich den wichtigen Wechsel von F7 zu Fm7 nicht zu früh in der Stimmung hervorheben wollte.

**Beispiel 4j:**

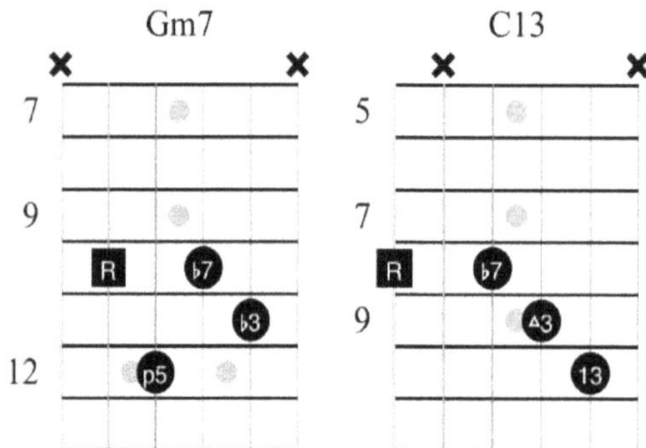


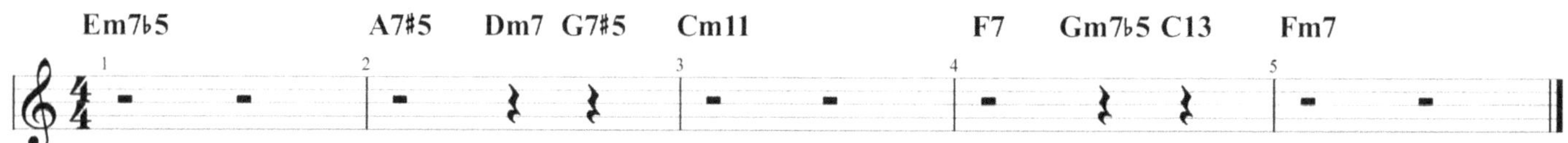


Jetzt da wir gesehen haben, wie diese Zwischendominanten im Kontext funktionieren, können wir ein enges Voicing verwenden, das dazu führt, dass sie musikalischer fließen.

Die folgenden Voicings werden auf den mittleren vier Saiten der Gitarre gespielt, aber du solltest auch andere Bereiche und Permutationen erkunden. Da die Harmonie nun sehr dicht zu werden beginnt, kannst du zunächst den ii-Akkord jeder Sekundärdominante weglassen und damit beginnen, die Sekundärdominante im Taktschlag Drei der Takte Zwei und Vier zu spielen.

**Beispiel 4k:**

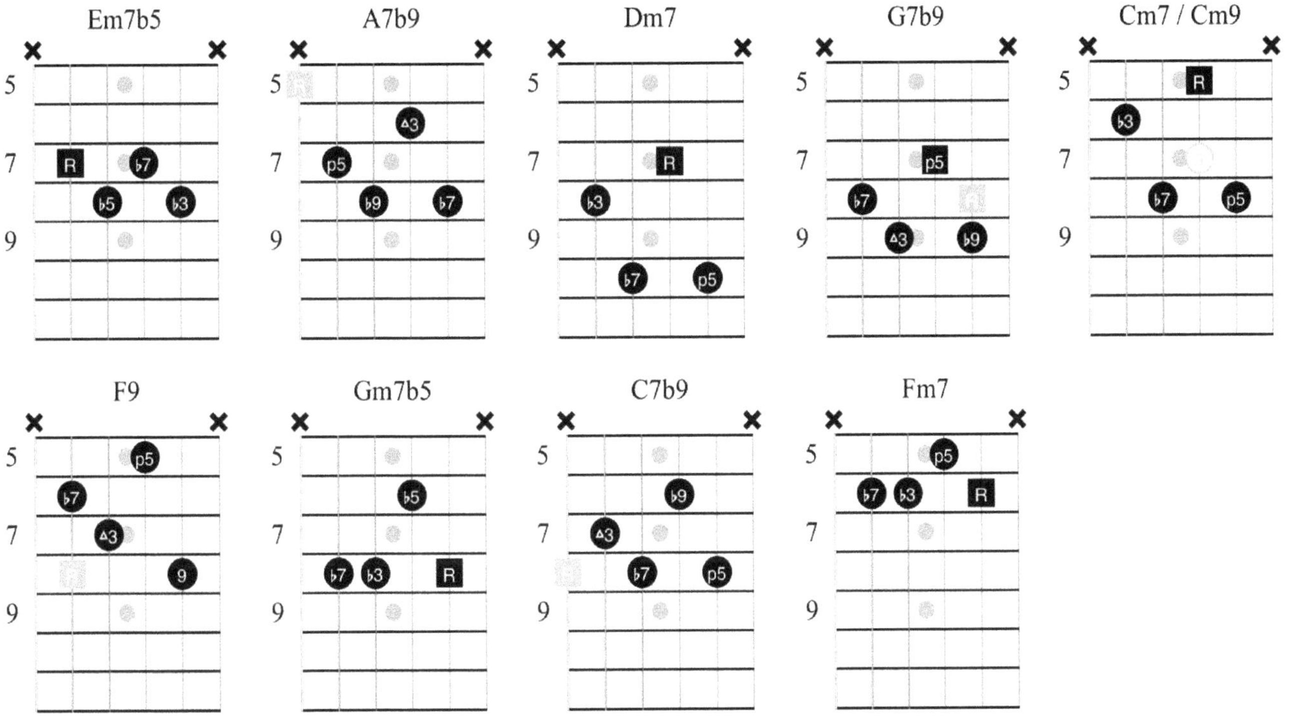

Em7b5 A7b9 Dm7 G7b9 Cm7 / Cm9

F9 Gm7b5 C7b9 Fm7

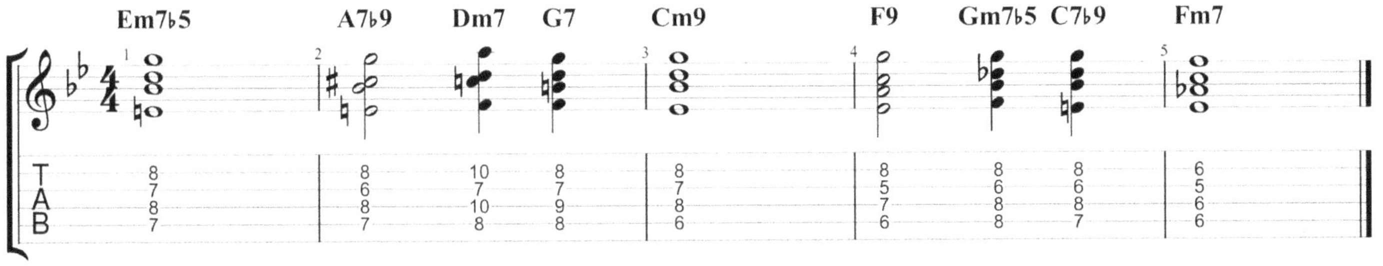

| | Em7♭5 | A7♭9 | Dm7 | G7 | Cm9 | F9 | Gm7♭5 | C7♭9 | Fm7 |
|---|---|---|---|---|---|---|---|---|---|
| T | 8 | 8 | 10 | 8 | 8 | 8 | 8 | 8 | 6 |
| | 7 | 6 | 7 | 7 | 7 | 5 | 6 | 6 | 5 |
| A | 8 | 8 | 10 | 9 | 8 | 7 | 8 | 8 | 6 |
| B | 7 | 7 | 8 | 8 | 6 | 6 | 8 | 7 | 6 |

Die mittleren acht Takte von Bella sind auch die besten Kandidaten für die Behandlung mit Sekundärdominanten, da jeder Akkord für zwei Takte gehalten wird.

Die Akkordfolge ist wie folgt:

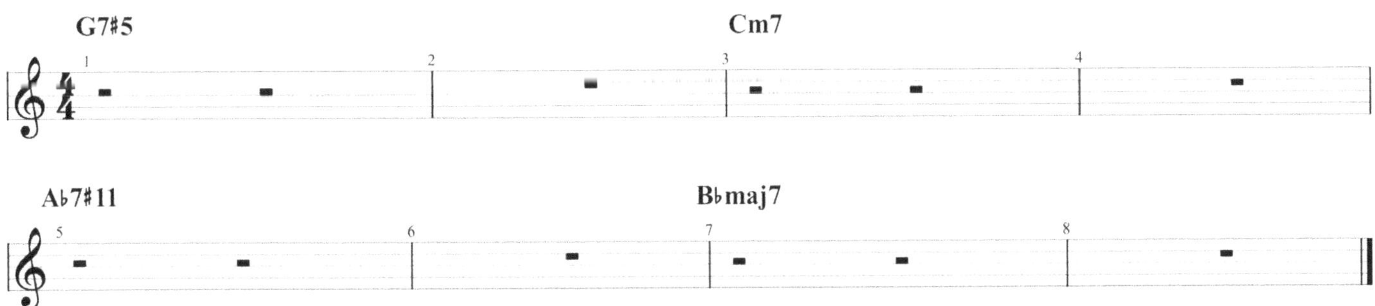


Obwohl die Bewegung von G7#5 nach Cm7 bereits eine V – I Sequenz ist, können wir in Takt Zwei eine ii V sekundärdominante Sequenz hinzufügen. Wir werden auch Sekundärdominanten zu Ab7 und BbMaj7

hinzufügen und eine Sekundärdominante in Takt Acht spielen, als ob wir mit dem Em7b5-Akkord im folgenden Takt fortfahren würden.

Die daraus resultierende Sequenz ist:

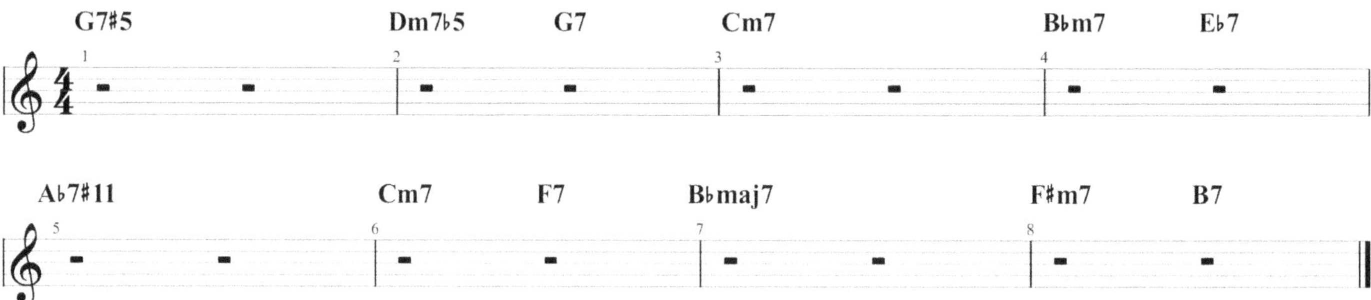


Spiele mit einfachen Grundtonpositions-Akkorden durch, bevor du die Akkorde mit guter Stimmführung arrangierst.

**Beispiel 4l:**

G7♯5 | Dm7♭5 G7♯5 | Cm7 | B♭m7 E♭9

A♭7 | Cm7 F7♭9 | B♭maj6/9 | F♯m7♭5 B7♯5

**Beispiel 4m:**

G7#5b9 | Dm7b5 | G7#5b9 | Cm9 | Bbm7 | Eb7b9

Ab7 | Cm7 | F7 | Bbmaj6/9 | F#m7b5 | B9#5

**Beispiel 4n:**

G7#5 | Dm7b5 | G7#5b9 | Cm7 | Bbm7 | Eb7#5b9

Ab13#11 | Cm7 | F7#5b9 | Bbmaj7 | B7#5#9

Arbeite langsam durch die Sequenz, um sicherzustellen, dass du verstehst wie jede Erweiterung und Alteration auf jedem Akkord gespielt wird.

Du hast vielleicht nicht erwartet, den G7#5b9-Akkord zu Beginn von Beispiel 4m zu sehen, aber es ist eine durchaus akzeptable (und musikalische) Wahl, da die Bewegung von G7 zu Cm7 eine funktionale Auflösung ist. Die b9-Note (Ab) wird zur b5 des folgenden Dm7b5 II-Akkords.

Wichtig zu beachten ist, dass diese G7#5b9-Spannung durch eine einfache Akkordsubstitution erzeugt wird. Das erste Voicing in Beispiel 4m ist eindeutig ein Fm7b5-Akkord, also denke daran, dass das Spielen eines m7b5-Akkords auf der b7 eines dominanten Akkords dir die Intervalle b7, 3, #5 und b9 gibt.

Diese Idee ist in der folgenden Tabelle zusammengefasst:

| Noten von Fm7b5 | F | Ab | Cb (B) | Eb (D#) |
|---|---|---|---|---|
| Intervall bezogen auf G als Grundton | b7 | b9 | 3 | #5 |

Dies ist eine sehr praktische Substitution, die sowohl als akkordische als auch als melodische Idee verwendet werden kann; versuche, ein Fm7b5-Arpeggio über einen funktionalen (auflösenden) G7-Akkord zu spielen, wenn du solo spielst.

Finde so viele Wege wie möglich, die mittleren acht Takte von Bella by Barlight auf der Gitarre zu spielen. Experimentiere, indem du deine eigenen Erweiterungen und Spannungen hinzufügst, insbesondere an den dominanten Akkorden. Spiele die Alterationen an so vielen verschiedenen Stellen wie möglich, während du dich auf eine gute Stimmführung zwischen den einzelnen konzentrierst. Die vier Drop-2-Voicings von G7 sowohl auf den vier mittleren Saiten als auch auf den vier oberen Saiten sind ein großartiger Anfang, bevor du zu Drop-3-Akkorden mit Grundtönen auf der fünften oder sechsten Saite weitergehst.

Denke daran, dass du die angeführten Spannungen nicht spielen *musst* und es kann eine gute Idee sein, sie zunächst völlig zu ignorieren. Spiele den ersten Akkord als G7 und ignoriere die #11 auf dem Ab7-Akkord. Die #11 wird oft gespielt, da sie die Melodienote der Melodie an diesem Punkt widerspiegelt, aber man muss sie nicht spielen, wenn man nicht will.

Für Praxisideen gehe zurück zu Kapitel Drei und arbeite einige der Vorschläge dort durch.

Mach dir vor allem keine Gedanken, jetzt schon alles perfekt und korrekt zu machen. Was du aus diesem Kapitel mitnehmen solltest, ist das *Konzept* der sekundärdominanten Akkorde und die damit verbundenen ii-Akkorde.

Es ist großartig, sich auch abseits der Gitarre zu testen. Gib dir selbst einen Grundton und schau, wie schnell du seinen sekundärdominanten Akkord und seinen II-Akkord finden kannst. Auch hier können Lernkarten helfen. Zum Beispiel:

Finde die sekundärdominante ii V Sequenz für den Akkord Bm7.

Die V von Bm7 ist F#7.

Die II von F#7 ist Cm7b5.

Was sind die sekundärdominanten ii V-Sequenzen für die folgenden Akkorde:

EMaj7, D7, Gm7, Fm7b5, C#m7?

Bevorzugst du den Klang eines ii m7b5 - V7 oder eines ii m7 - V7 bei der Auflösung auf einen dominanten 7-Akkord?

Wenn der Auflösungsakkord G7 ist, bevorzugst du Am7b5 - D7 - G7, *oder* Am7 - D7 - G7? Wie wäre es mit A7#11 - D7 - G7?

Es gibt keine richtigen oder falschen Antworten. Ich versuche nur, dich zu ermutigen, deine eigene Stimme zu finden. Experimentiere mit diesen Ideen und du wirst Antworten finden.

Suche nach anderen Punkten in Bella by Barlight, wo du Zwischendominanten verwenden kannst, und probiere die Ideen in diesem Kapitel in verschiedenen Tonarten und mit unterschiedlichen Tönen aus. So kannst du dein Leben lang Spannendes lernen, und kein einziges Buch kann dir alle Antworten geben.

# Kapitel Fünf: Die Tritonussubstitution

Die Tritonus- (oder ‚b5') Substitution ist ein ziemlich einfaches, aber essentielles musikalisches Konzept, das von Jazzmusikern häufig verwendet wird.

Ein Tritonus ist der Name, der dem Abstand von drei Tönen gegeben wird. Drei Töne über jeder Note bilden ein b5-Intervall.

Das Konzept sieht wie folgt aus:

Jeder funktionale Dominant-7-Akkord kann durch einen anderen Dominant-7-Akkord ersetzt werden, der auf der b5 des ursprünglichen Akkords basiert.

Lass uns einen Blick auf diese Idee in Aktion werfen.

Sieh dir die folgende Sequenz, die im letzten Abschnitt von Bella auftritt, an:

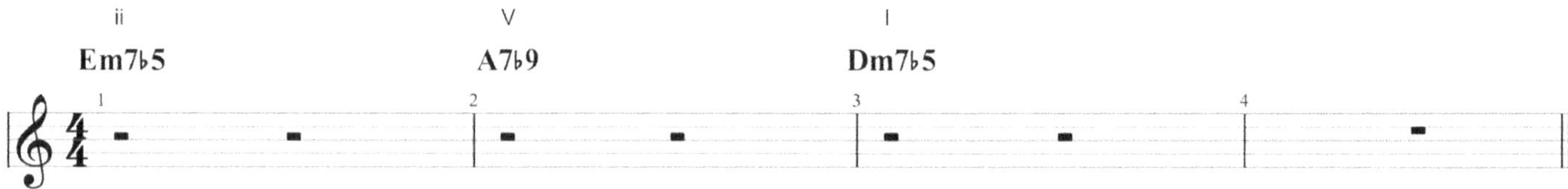


Das A7 (b9) ist funktional ein dominanter Akkord, der sich in Dm7b5 auflöst.

Die Tritonussubstitutionsregel besagt, dass wir einen dominanten Akkord auf der b5 von A7 spielen können.

Die b5 von A7 (drei Töne darüber) ist die Note Eb.

So können wir den Akkord Eb7 anstelle des Akkords A7b9 spielen, um die folgende Akkordfolge zu erzeugen:

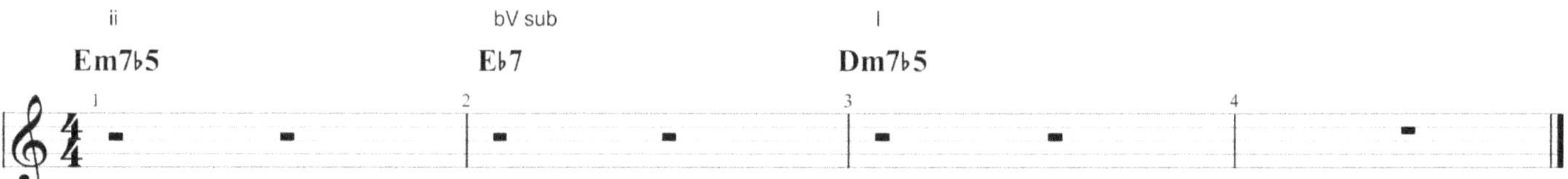


Beachte, wie die Grundtonbewegung zwischen den einzelnen Akkorden nun in Halbtönen fällt. E - Eb - D.

Diese Idee funktioniert auch dann, wenn der Bassist die ursprüngliche Grundtonnote (A) spielt, während wir die Tritonussubstitution auf der Gitarre spielen. Alles, was passiert, ist, dass wir eine interessant veränderte Spannung in den ursprünglichen A7-Akkord einbringen.

Die folgende Tabelle zeigt dir, welche Änderungen beim Spielen eines Eb7 über einer A-Grundtonnote vorgenommen werden.

| Noten von Eb7 | Eb | G | Bb | Db/C# |
|---|---|---|---|---|
| Intervall bezogen auf A als Grundton | b5 | b7 | b9 | 3 |

Wie du sehen kannst, behalten wir die essentielle und charakterdefinierende 3. und b7 des A7-Akkords bei, aber wir führen die chromatischen Spannungen b5 (#11) und b9 ein. Eine schnelle Berechnung der Tritonussubstitution ist bei der Improvisation mit Akkorden unerlässlich.

Was sind die Tritonussubstitutionen der folgenden Akkorde?

G7, F7, Bb7, E7 und D7.

Die Art und Weise, wie ich diese Substitutionen berechne, wenn ich die Antwort nicht sofort finde, ist, zuerst die *perfekte* Quinte zu finden und sie dann um einen Halbton zu senken. Zum Beispiel ging mein mentaler Prozess in etwa so:

Was ist die Tritonussubstitution von G7?

*Die Quinte von G7 ist D und ein Halbton unter D ist Db, so dass die Tritonussubstitution für G7 Db7 ist.*

Schließlich wird dieser Prozess so schnell und unbewusst wie das Wissen, dass 2 + 2 = 4 ist.

Die letzten acht Takte von Bella by Barlight bilden eine absteigende Folge von II V I-Sequenzen in drei verschiedenen Tonarten, die sich schließlich auf den Tonika-Akkord von BbMaj7 auflösen. Sie sind in der folgenden Abbildung zu sehen:

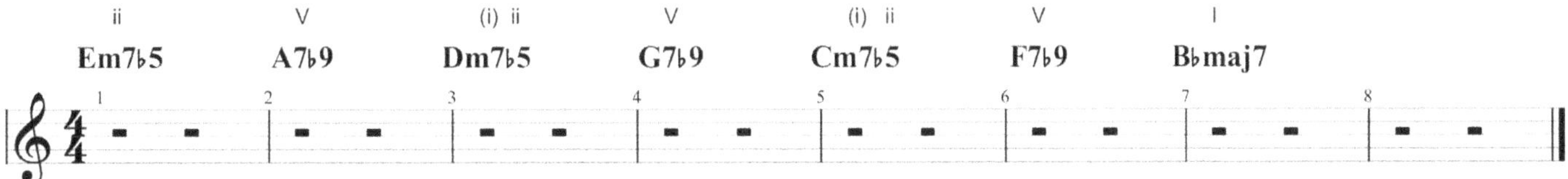


Das Dm7b5 fungiert sowohl als I-Akkord für die Em7b5 - A7b9-Sequenz als auch als II-Akkord in der folgenden ii V I Sequenz. Das Gleiche gilt für den Akkord Cm7b5.

Wir können eine Tritonussubstitution auf jedem einzelnen dominanten Akkord in der obigen Sequenz spielen, um die folgende Sequenz zu bilden. Verwende einfache Grundtonpositionsakkorde auf der fünften Saite, um die folgende Sequenz durchzuspielen.

**Beispiel 5a:**

| | Em7♭5 | E♭7 | Dm7♭5 | D♭7 | Cm7♭5 | B7 | B♭maj7 | |
|---|---|---|---|---|---|---|---|---|
| T | 8 | 8 | 6 | 6 | 4 | 4 | 3 | (3) |
| | 7 | 6 | 5 | 4 | 3 | 2 | 2 | (2) |
| A | 8 | 8 | 6 | 6 | 4 | 4 | 3 | (3) |
| B | 7 | 6 | 5 | 4 | 3 | 2 | 1 | (1) |

Wie bei Sekundärdominanten können wir ii Akkorde vor jeder neuen b5 (Tritonus)-Substitution platzieren. Der ii Akkord liegt eine Quinte über dem Grundton des neuen V7-Akkords. Zum Beispiel ist der zweite Akkord von Eb7 Bbm7.

Diese Substitutionen sind im Folgenden dargestellt.

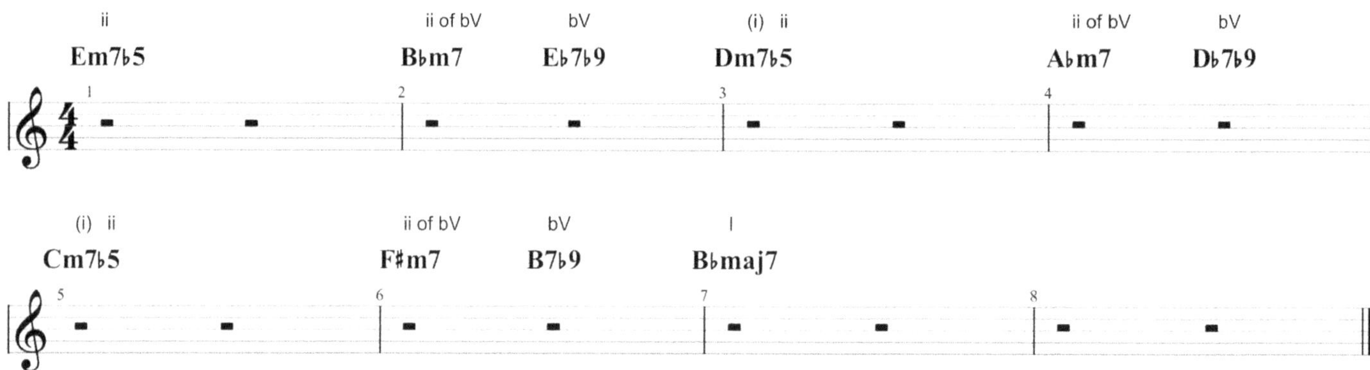


Diese Folge kann mit „einfachen“ Akkord-Voicings auf der Gitarre wie folgt gespielt werden. Beachte, dass ich 9er-Akkorde anstelle von 7er-Akkorden verwende, um eine weichere Stimme bei jeder Tritonussubstitution zu erzeugen.

**Beispiel 5b:**

Em7♭5 B♭m7 E♭9 Dm7♭5 A♭m7 D♭9 Cm7♭5 F♯m7 B9 B♭maj9

An dieser Stelle müssen wir eine sehr wichtige Überlegung bezüglich des von uns gespielten Musikstücks anstellen. Obwohl die obigen Substitutionen theoretisch korrekt sind, werden sie nicht immer perfekt mit der Melodie der Melodie funktionieren. Hol dir ein Real Book Chart von Stella by Starlight und untersuche die Melodie dieses Abschnitts. In den ersten beiden Takten des obigen Auszugs ist die Melodie wie folgt:

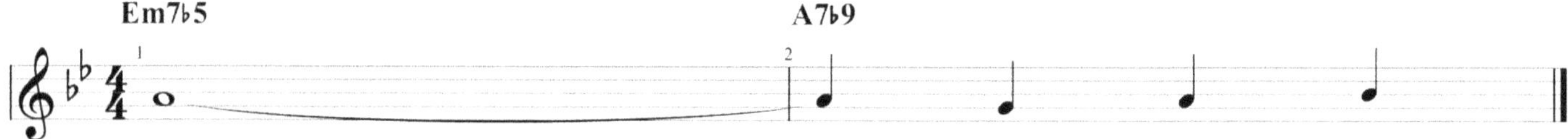


Im Takt A7b9 enthält die Melodie die b7, GT und b9 von A7b9. Mit den oben genannten substituierten Tritonus ii V-Akkorden ist die neue Harmonie:

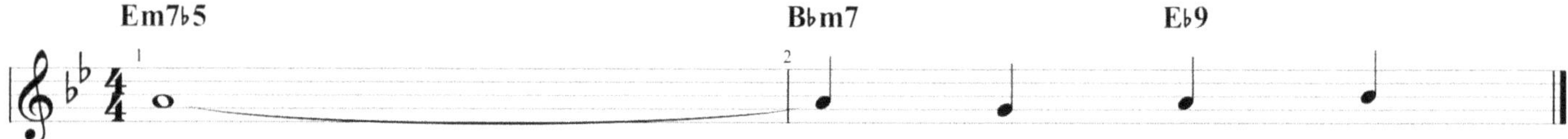

Es wird nun deutlich, dass es einige Probleme mit dieser Reharmonisierung von A7b9 gibt. Die Note A auf Taktschlag Eins bildet eine große 7. gegen den Bbm7-Akkord, und die Note G bildet nun eine natürliche 6. Nimm dich selbst auf, indem du die Melodie spielst und spiele dann die ersetzten Akkorde, um diesen Konflikt zu hören.

Während diese b5-Substitution nicht „technisch" falsch ist, lehrt uns dieses Beispiel eine sehr wichtige und wertvolle Lektion. Die Melodie eines Stückes wird immer bestimmen, welche Substitutionen du verwenden kannst.

Während die oben genannten Substitutionen die Melodie nicht ergänzen, können sie eine gute Wahl sein, um unter dem Solisten zu spielen, oder wenn die Melodie zufällig anders war.

Wenn also der sekundärdominante Akkord und sein ii-Akkord in diesem spezifischen Beispiel nicht funktionieren, wie können wir dann die Substitution ändern, um die Melodie zu berücksichtigen?

Eine Möglichkeit besteht darin, den Bbm7-Akkord einfach wegzulassen. Es ist möglich, die Melodienoten (A und G) im vorherigen Takt als zum Em7b5 gehörig zu sehen. Du könntest diese beiden Takte wie folgt spielen:

**Beispiel 5c:**

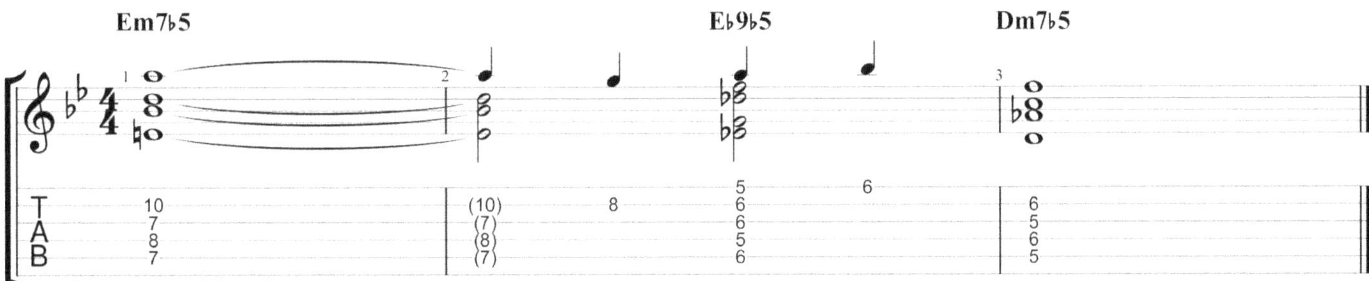


Wenn wir verzweifelt die Note G in Takt Zwei harmonisieren wollten, könnten wir eine im Jazz übliche Technik anwenden und das Bbm7 durch ein Bb7(#9) ersetzen. Wenn wir den Mollakkord gegen einen dominanten Akkord tauschen, können wir dann die Tritonussubstitution von E verwenden. Das bedeutet, dass wir einen E7#9-Akkord verwenden könnten, um das G bei Taktschlag Zwei zu harmonisieren:

**Beispiel 5d:**

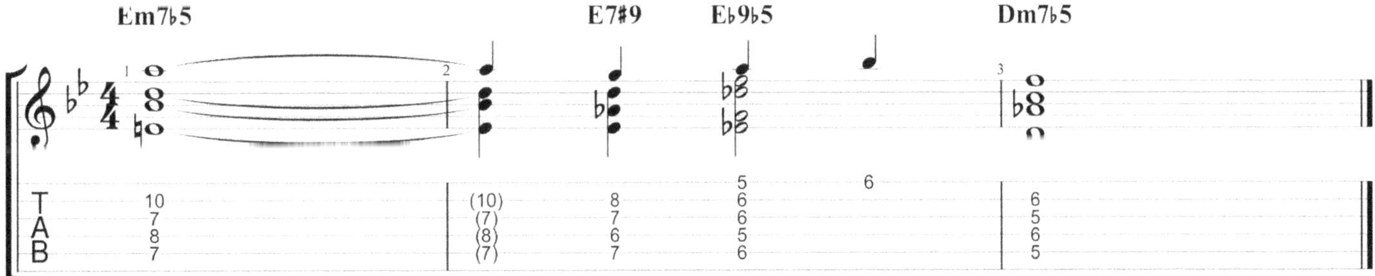


Wie man zu einem E7#9 kommt wird später erklärt, also mach dir vorerst keine Sorgen.

Ein ähnliches Problem tritt in den folgenden beiden Takten auf, wobei Abm7 und Db9 durch G7b9 ersetzt werden. Sehen Sie im Folgenden, ob Sie die Konflikte erkennen können:

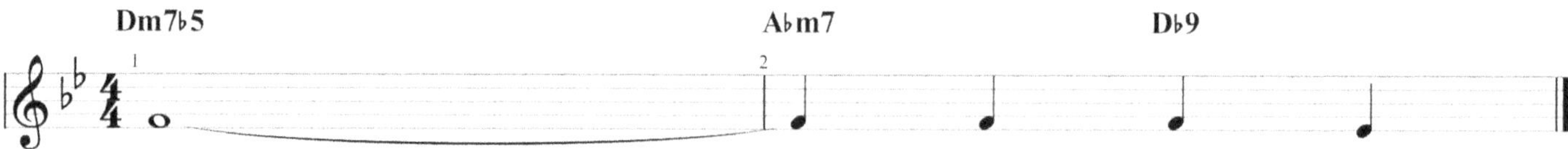


Die Note F bildet eine 13 gegen den m7-Akkord und ist in diesem Kontext dissonant. Eine einfache Lösung ist es, den Abm7-Akkord als Ab13-Akkord zu spielen. Im Jazz werden m7-Akkorde oft durch dominante 7-Akkorde (und insbesondere 7#9-Akkorde) ersetzt. Dies wird in Kapitel Sechs erläutert.

Im Moment könnte eine Lösung für den oben genannten Konflikt wie folgt gespielt werden:

**Beispiel 5e:**

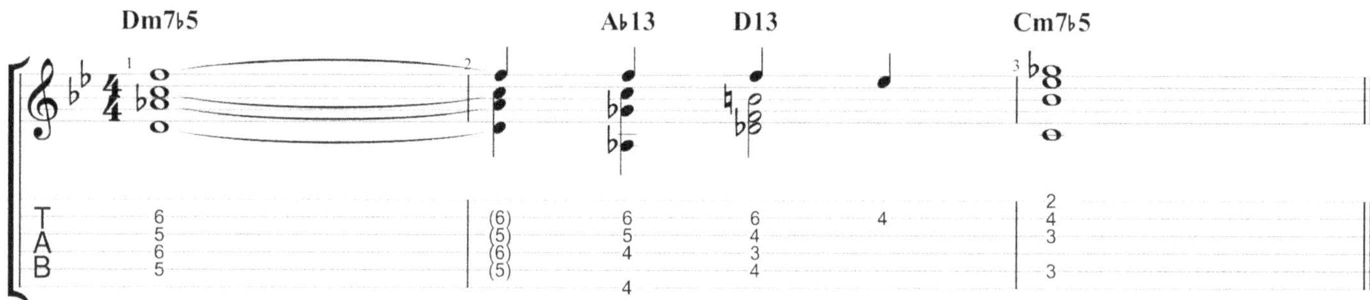


Die drei vorhergehenden Beispiele sind enthalten, um zu zeigen, dass die wichtigste Überlegung bei der Verwendung von Akkordsubstitutionen immer die Melodie des Stückes ist.

Wenn wir Akkorde unter der Melodie spielen, müssen wir sehr vorsichtig sein und vermeiden, dass eine „theoretisch korrekte" Substitution mit der Melodienote zu diesem Zeitpunkt kollidiert. Selbst wenn eine Substitution theoretisch korrekt ist, wenn sie unglücklich mit der Melodie kollidiert, *ist sie falsch.*

Wir haben mehr Freiheit, wenn wir Akkorde unter einem Solo spielen, da momentane Konflikte viel weniger wichtig sind. Bevor du jedoch komplexe und ferne Substitutionen zu deinen Rhythmusgitarrenparts hinzufügst, berücksichtige bitte die Erfahrung und das Können deiner Bandkollegen und das Genre der Musik, das du spielst. Was für den modernen Jazz geeignet ist, ist in einem Swing-Stück vielleicht nicht angemessen.

Wie bereits erwähnt, wird die Theorie hinter den obigen Substitutionen in den folgenden Kapiteln erläutert, also keine Panik, wenn du es nicht geschafft hast, jedem Schritt zu folgen.

Die Beispiele, die in diesem Buch folgen, lehren dich Substitutionsmöglichkeiten in einer organisierten Weise, aber bitte beachte, dass sie alle melodischen Überlegungen außer Acht lassen. Die Beispiele basieren auf der Akkordfolge von Bella by Barlight, aber sie sind vielleicht nicht alle geeignet, wenn sie mit der Melodie des Stückes gespielt werden.

Kehren wir nun zur früheren Folge der Sekundärdominanten zurück und sehen wir, wie sie mit enger Stimmführung auf verschiedenen Saiten gespielt werden können. Hier ist diese Folge noch einmal, um dein Gedächtnis aufzufrischen.

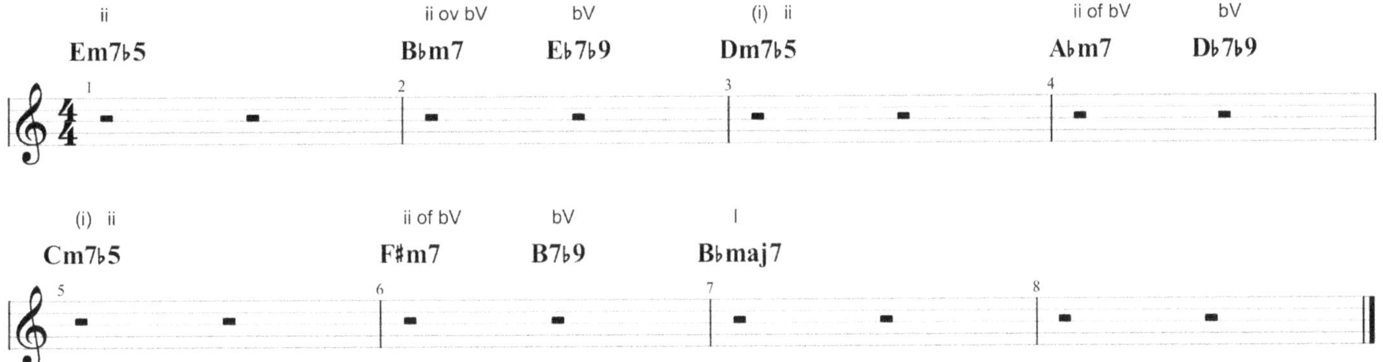


**Beispiel 5f:**

Em7♭5 | B♭m7 E♭7 | Dm7♭5 | A♭m7 D♭7 | Cm7♭5 | F♯m7 B9 | B♭maj13 |

| Takt | 1 | 2 | | 3 | 4 | | 5 | 6 | | 7 | 8 |
|---|---|---|---|---|---|---|---|---|---|---|---|
| Akkord | Em7♭5 | B♭m7 | E♭7 | Dm7♭5 | A♭m7 | D♭7 | Cm7♭5 | F♯m7 | B9 | B♭maj13 | |
| TAB | 5 | 6 | 6 | 6 | 7 | 6 | 7 | 7 | 7 | 6 | (6) |
| | 3 | 3 | 3 | 5 | 4 | 4 | 5 | 6 | 6 | 3 | (3) |
| | 5 | 6 | 5 | 6 | 6 | 6 | 8 | 7 | 7 | 5 | (5) |
| | 5 | 4 | 4 | 5 | 6 | 4 | 6 | 7 | 6 | 5 | (5) |

**Beispiel 5g:**

Em7♭5 | B♭m7 E♭9 | Dm7♭5 | A♭m7 D♭9 | Cm7♭5 | F♯m7 B9 | B♭maj7 |

| Takt | 1 | 2 | | 3 | 4 | | 5 | 6 | | 7 | 8 |
|---|---|---|---|---|---|---|---|---|---|---|---|
| Akkord | Em7♭5 | B♭m7 | E♭9 | Dm7♭5 | A♭m7 | D♭9 | Cm7♭5 | F♯m7 | B9 | B♭maj7 | |
| TAB | 10 | 9 | 9 | 8 | 7 | 7 | 8 | 9 | 9 | 10 | (10) |
| | 8 | 9 | 8 | 6 | 7 | 6 | 7 | 7 | 7 | 10 | (10) |
| | 9 | 10 | 10 | 7 | 8 | 8 | 8 | 9 | 8 | 10 | (10) |
| | 8 | 8 | 8 | 6 | 6 | 6 | 8 | 7 | 7 | 8 | (8) |

## Tritonussubstitutionen bei Sekundärdominanten

Tritonussubstitutionen können auch mit sekundärdominanten Akkorden verwendet werden, die der ursprünglichen Akkordfolge hinzugefügt wurden. Frische deine Erinnerung an die ersten vier Takte von Bella by Barlight auf:

Em7♭5 | A7 | Cm7 | F7 |

Beginnen wir mit dem Hinzufügen eines sekundärdominanten Akkords und seines ii-Akkords zum Cm7 in Takt Drei, genau wie wir es in Beispiel 4i getan haben:

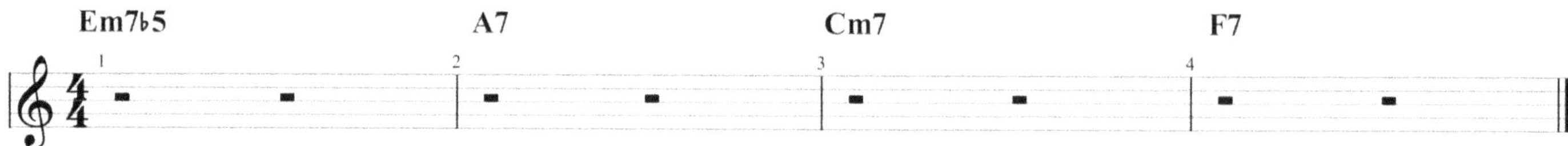


Als nächstes ersetzen wir den sekundärdominanten Akkord (G7) mit *seiner* Tritonussubstitution, Db7.

Wie du sehen kannst, haben wir nun die charakteristische absteigende Halbtonbewegung von Dm7 nach Cm7 (D, Db, C) erstellt.

**Beispiel 5h:**

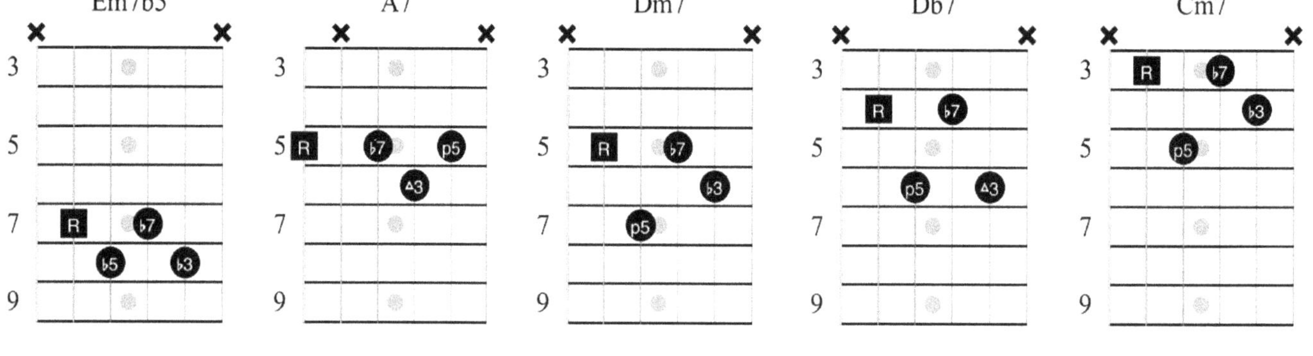


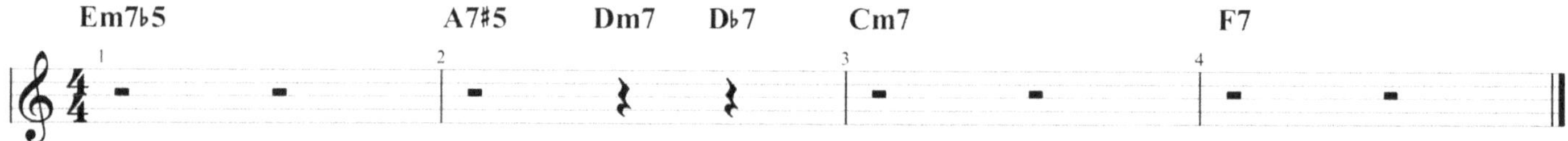


Danach, anstatt Dm7 zu spielen, *können wir es durch den ii Akkord der b5-Substitution (Abm7) ersetzen. *Das wird nicht gut funktionieren, wenn man mit der Originalmelodie zur Melodie spielt.*

Die Akkordfolge jetzt:

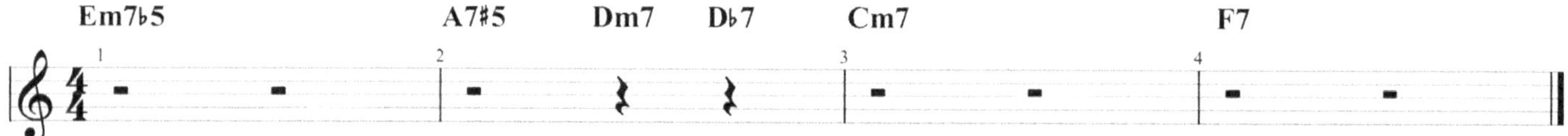


Diese kann wie folgt gespielt werden:

**Beispiel 5i:**

Em7♭5 A7♯5 A♭m7 D♭9 Cm11 F7

| | 1 | 2 | | | 3 | 4 |
|---|---|---|---|---|---|---|
| TAB | 8 7 8 7 | 5 6 5 5 | 4 4 4 4 | 4 4 3 4 | 4 3 3 3 | 4 2 3 3 |

Beachte wie ich D9 und Cm11 verwendet habe, um die Stimmführung zu glätten.

Wenn du wirklich abenteuerlustig bist, hindert dich nichts daran, den Dm7-Akkord vor dem Abm7 wieder einzuführen:

**Beispiel 5j:**

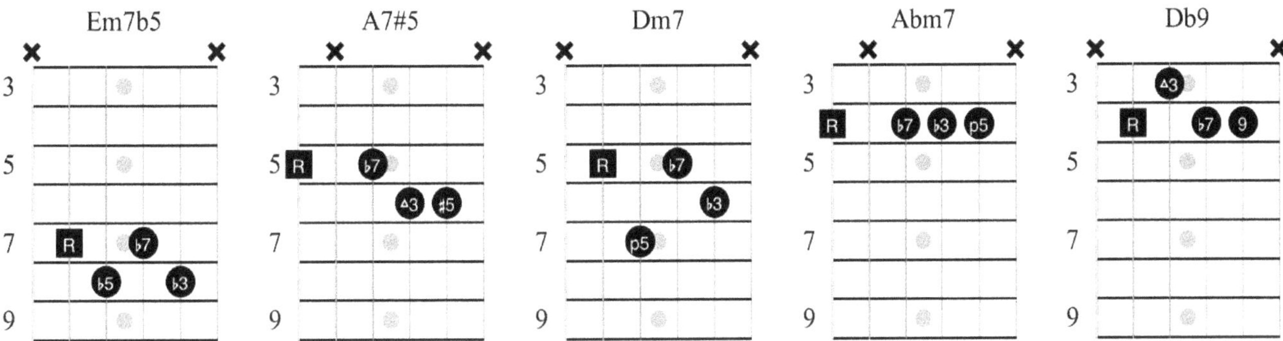


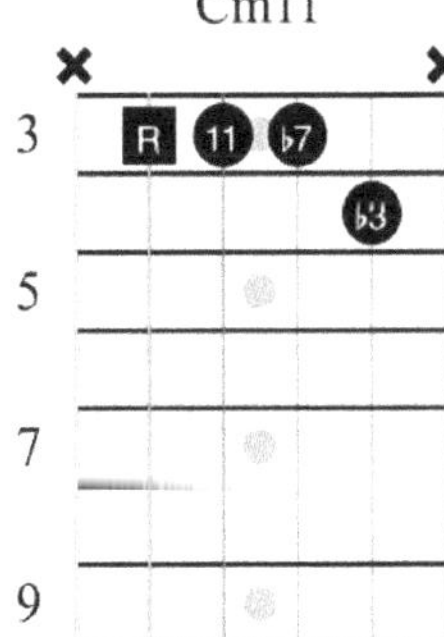


Ich schlage A7#5 vor, weil die #5 des A7 (E# / F) Akkords zur b3 (F) des folgenden Dm7-Akkords wird. Du kannst den A7-Akkord auch ohne Änderungen oder mit einer b9 spielen, wie im Originalsong.

Das sind viele Akkorde in kurzer Zeit, aber es zeigt, was mit Substitutionen möglich wird. Denke immer an die Melodietöne des Stückes, wenn du diese Ideen erforschst. Konflikte sind aber oft flüchtig und ziemlich unbedeutend, wenn du viele Akkorde in kurzer Zeit spielst.

Lass uns unsere Beispiele für Stimmführung auf die Akkordfolge aus Beispiel 5i stützen, da die Tritonussubstitution des sekundärdominanten Akkords und seines vorhergehenden iim7-Akkords ausreicht, um vorerst damit zu arbeiten.

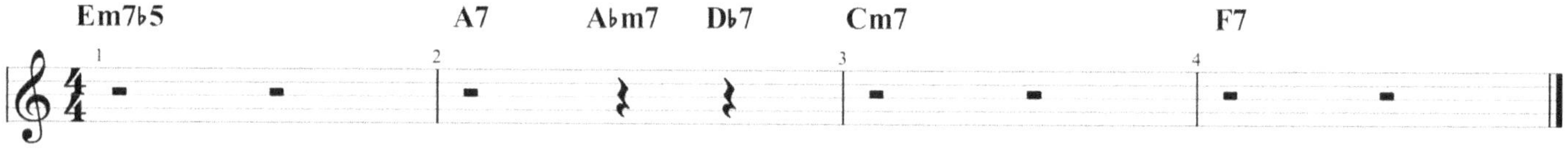

Em7b5 A7 Abm7 Db7 Cm7 F7

Wir beginnen mit der Stimmführung auf den oberen vier Saiten der Gitarre. Achte auf alle Änderungen, die ich den Akkorden hinzufüge, um den Weg jeder Stimme zu glätten.

**Beispiel 5k:**

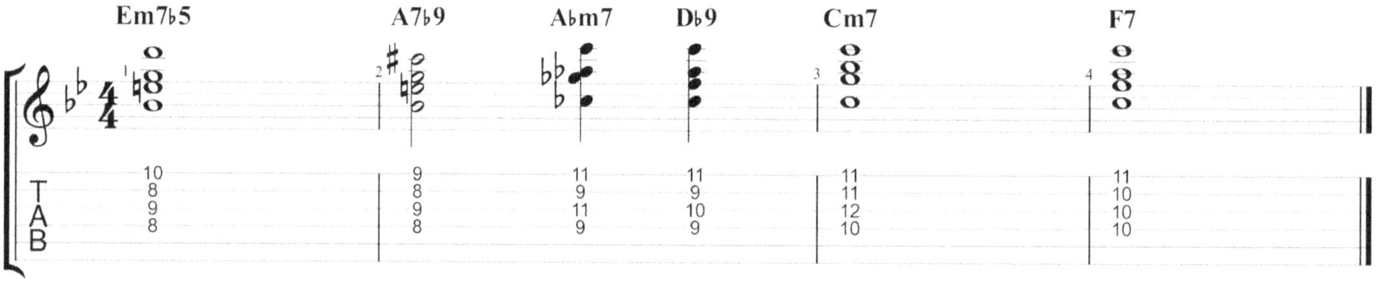

Em7b5 A7b9 Abm7 Db9 Cm7 F7

**Beispiel 5l:**

Em7b5 A7b9 Abm7 D7#11 Cm9 F9

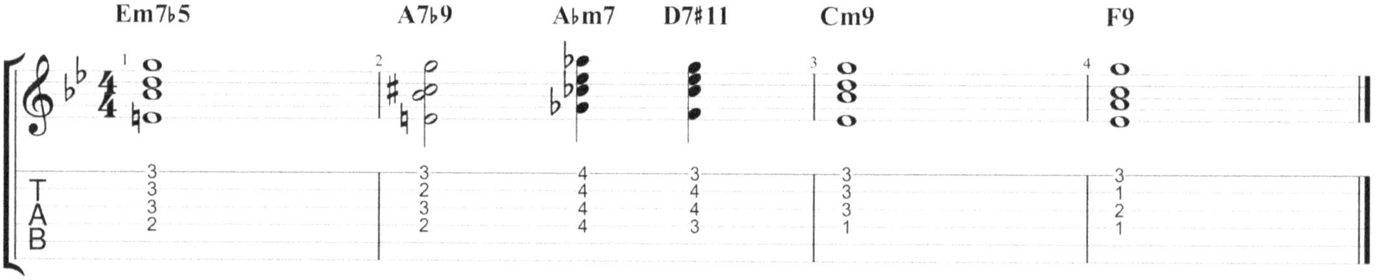

Erkunde so viele Ausgangspunkte und Permutationen wie möglich, bevor du mit Voicings auf den mittleren vier Saiten experimentierst. Die folgenden Ideen werden dir den Einstieg erleichtern:

**Beispiel 5m:**

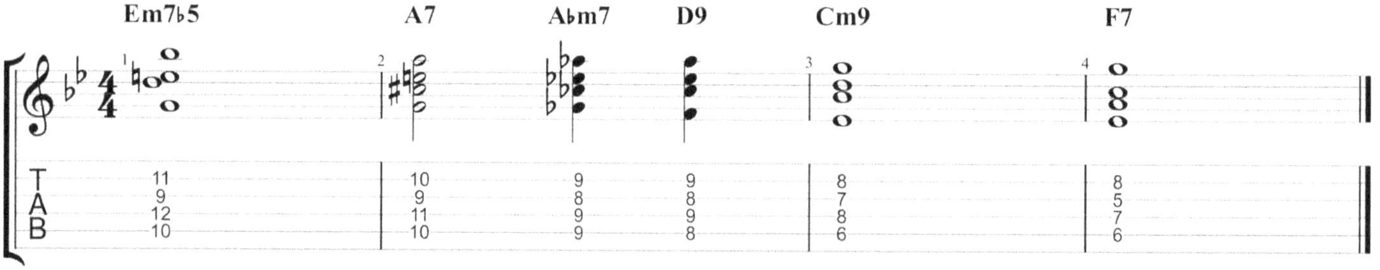

Em7b5 A7 Abm7 D9 Cm9 F7

**Beispiel 5n:**

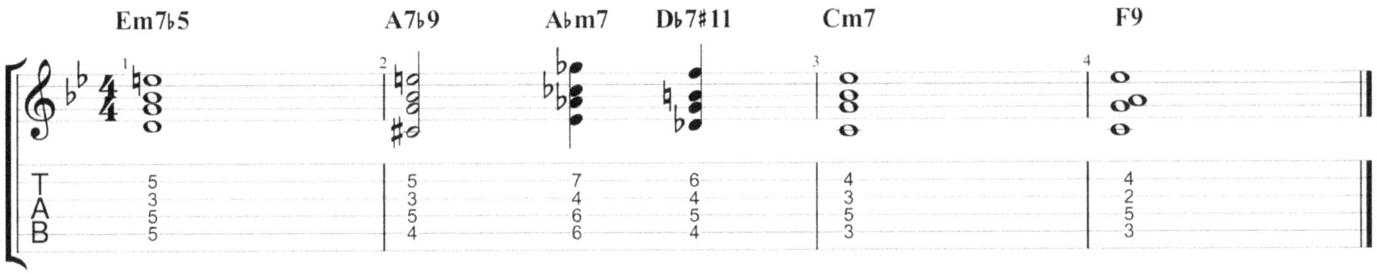

Em7♭5 | A7♭9 | A♭m7 | D♭7♯11 | Cm7 | F9

T A B: 5 3 5 5 | 5 3 5 4 | 7 4 6 6 — 6 4 5 4 | 4 3 5 3 | 4 2 5 3

Wenn du selbstbewusster geworden bist, versuche, diese Ideen auf Drop-3-Voicings mit einer Bassnote auf der fünften Saite anzuwenden.

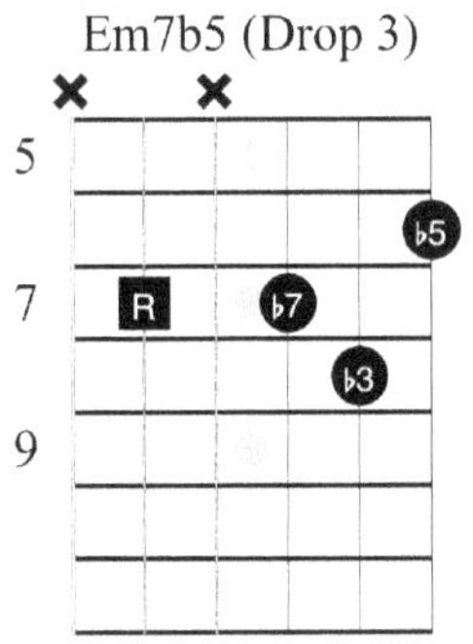

Em7b5 (Drop 3)

5 7 9 R ♭7 ♭3 ♭5

Arbeite verschiedene Melodien durch, um nach Möglichkeiten zu suchen, Sekundärdominanten, Tritonussubstitutionen und ihre ii-Akkorde zu verwenden, und wende diese Techniken auf verschiedene Tonarten an.

Die folgende Tabelle fasst die Schritte zusammen, die unternommen werden können, um eine Tritonussubstitution zu einem sekundärdominanten Akkord mit der Akkordfolge Cm7 - F7 hinzuzufügen. Stelle sicher, dass du jeden Schritt im Prozess verstehst.

*S.D. = Sekundärdominante*

*T.T. = Tritonussubstitution*

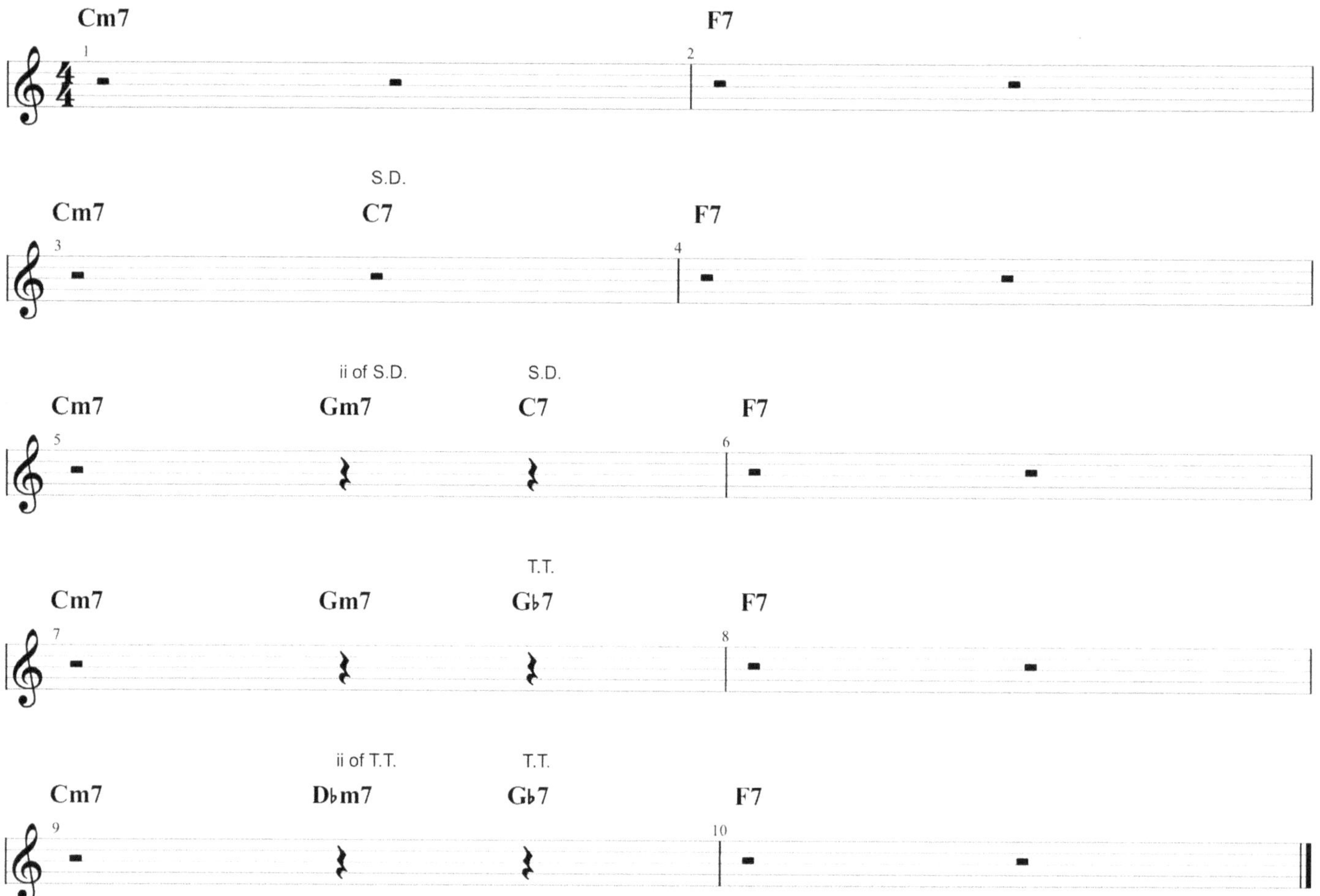


Wenn du der Tritonussubstitution Spannungen hinzufügst, verwende die 9, #11 und 13, obwohl du im Laufe deiner Zeit und mit steigenden Fähigkeiten vielleicht mehr experimentieren möchtest.

# Kapitel Sechs: Stimmführung mit Substitutionen

In diesem Kapitel möchte ich dir zwei wichtige Substitutionen vorstellen, die im Jazz regelmäßig vorkommen, und wenn sie mit sekundärdominanten und Tritonus-Ideen kombiniert werden, erlauben sie uns, aufregende neue Akkordfolgen aus „normalen" Sequenzen zu bauen.

Wenn du dieses Buch liest, bist du dir vielleicht schon der ersten Substitution bewusst.

*Du kannst einen m7-Akkord auf der 3. eines Maj7-Akkords spielen, um einen Maj9-Akkord zu bilden.*

Auch wenn es sich um eine häufige Substitution handelt, werden wir uns eine Anwendung ansehen, der du vielleicht noch nicht begegnet bist.

Werfen wir einen Blick auf ein Beispiel mit einem CMaj7-Akkord.

Die Terz von CMaj7 ist E, also sagt uns die Regel, dass wir einen Em7-Akkord anstelle des CMaj7 spielen können, um einen CMaj9-Sound zu erzeugen. Schauen wir uns die Noten von CMaj7 und Em7 an, um zu sehen, wie das funktioniert.

| **Intervall von C** | **1** | **3** | **5** | **7** | **9** |
|---|---|---|---|---|---|
| CMaj7 | C | E | G | B | |
| Em7 | | E | G | B | D |

Wie du sehen kannst, sind die Noten in Em7 die gleichen wie die Noten eines CMaj9-Akkords ohne Grundton, so dass jeder CMaj7-Akkord durch einen Em7-Akkord ersetzt werden kann.

Hier sind einige nützliche Voicings, mit denen du diese Substitution spielen kannst. Der Grundton von C ist nur als Referenz grau markiert. Die Grundtonart des Em7 ist die 3, CMaj7.

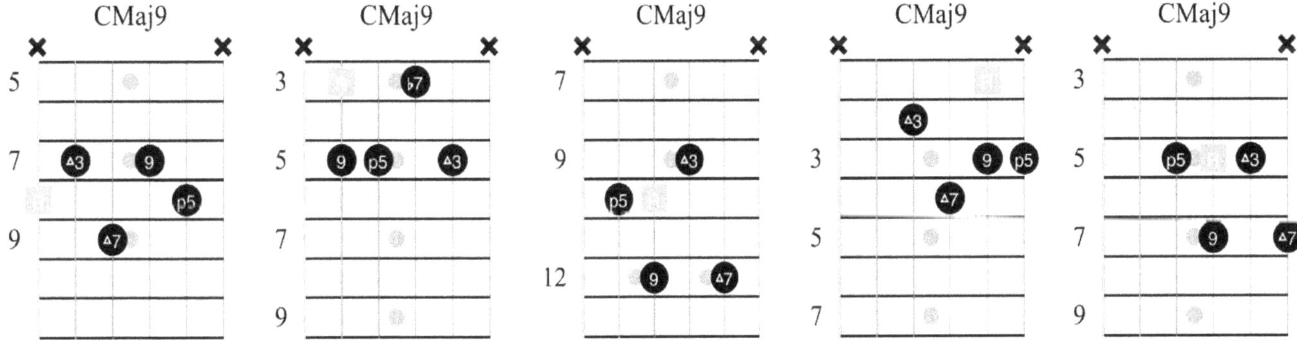


Es gibt noch viel mehr, also arbeite durch den Prozess der Suche nach einem CMaj7-Voicing und der Anhebung des Grundtons um einen Ton, um ein Em7 / CMaj9 in so vielen Positionen wie möglich zu bilden.

Wie wir bereits gesehen haben, ist es wichtig zu lernen, Substitutionen als eine Reihe von Intervallen zu sehen, die um einen Grundton aufbauen. Stelle sicher, dass du immer in der Lage bist, die GT, 3, 5, 7 und 9 eines beliebigen Akkords sofort zu finden. Eines deiner Übungsziele sollte es sein, eine sofortige Intervallerkennung um jeden Grundton zu entwickeln.

Die zweite Substitution, die wir uns ansehen werden, ist etwas weniger offensichtlich und folgt keinen festen „Regeln“. Es ist jedoch eine sehr verbreitete Idee im Jazz:

*Jeder m7-Akkord kann durch einen 7- oder 7(#9)-Akkord ersetzt werden.*

In einer iim7 – V7 Folge ist diese Substitution ähnlich wie das Spielen der Sekundärdominanten des V-Akkords.

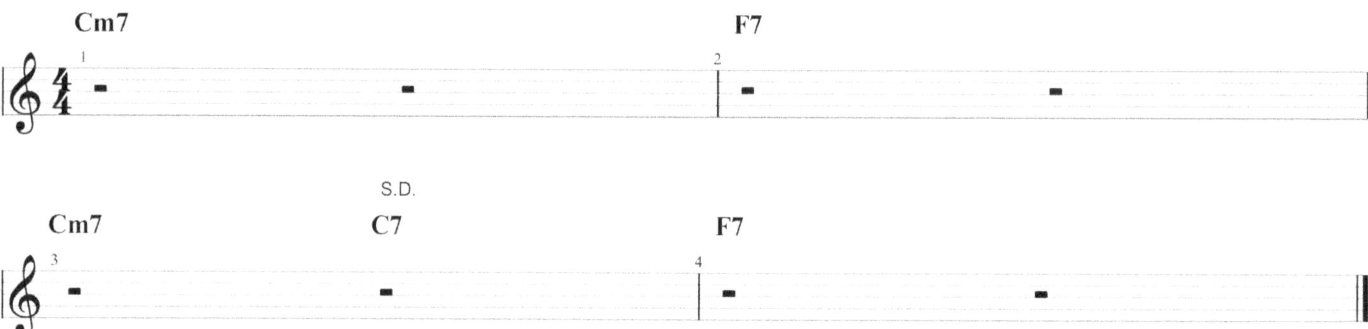


Im obigen Beispiel ist C7 die Sekundärdominante von F7, aber es ist auch eine dominante Version des ursprünglichen Cm7-Akkords. Das C7 wird *nach* dem Cm7 gespielt, aber es könnte den Cm7-Akkord für den gesamten Takt *ersetzen,* obwohl darauf geachtet werden muss, Konflikte mit den Melodienoten zu vermeiden, die auf den ursprünglichen Moll-Akkord geschrieben wurden.

Um diesen potenziellen Konflikt zu vermeiden, werden dominante Substitutionen von Moll-Akkorden oft mit einer zusätzlichen Spannung von *#9* gespielt. Der Grund dafür ist in der folgenden Tabelle ersichtlich.

| **Intervall** | **1** | **b3 / 3** | **5** | **b7** | **#9** |
|---|---|---|---|---|---|
| Cm7 | C | **Eb (D#)** | G | Bb | |
| C7#9 | C | E | G | Bb | **D# / Eb** |

Wie du sehen kannst, ist die #9 von C7#9 (D#/Eb) die gleiche Note wie die b3 in Cm7 (Eb).

Indem wir die #9 zum dominanten Akkord hinzufügen, behalten wir mehr Noten gemeinsam mit dem ursprünglichen m7-Akkord, so dass es für die ursprüngliche Melodie einfacher ist, die Substitution zu akzeptieren. Die Melodienoten eines Songs beinhalten oft eine b3 auf einem m7-Akkord. Wenn wir diesen m7-Akkord durch einen geraden 7-Akkord ersetzen, erzeugen wir einen Konflikt, aber wenn wir den m7-Akkord durch einen 7#9-Akkord ersetzen, wird die ursprüngliche b3 / #9 immer noch im Harmonie-Part gehört, so dass die Substitution verzeihlicher ist.

Spiele die folgenden Harmonisierungen durch, um ein Gefühl für den Unterschied zwischen dem Ersetzen eines m7-Akkords durch einen 7- und einen 7#9-Akkord zu bekommen.

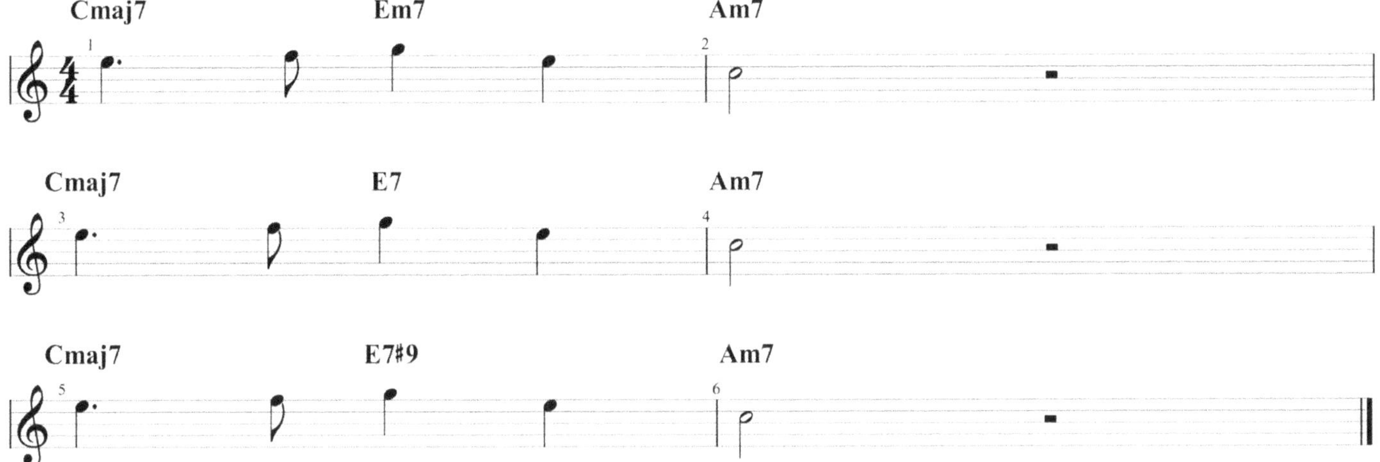


Lass uns die beiden in diesem Kapitel behandelten Substitutionen in einen musikalischen Kontext einbinden, bevor wir diese Ideen mit guter Stimmführung spielen.

Wir beginnen mit einer ii V I-Sequenz in C und entwickeln sie mit den Substitutionen.

Cmaj7 Dm7 G7

Der erste Schritt ist, CMaj7 in Takt Zwei durch ein Em7 zu ersetzen, wie wir am Anfang dieses Kapitels gesehen haben.

Cmaj7 Em7 Dm7 G7

Als nächstes fügen wir den Em7- und Dm7-Akkorden sekundärdominante Akkorde hinzu:

Cmaj7 B7 Em7 A7 Dm7 G7

Jetzt können wir das Dm7 in ein D7#9 verwandeln (obwohl du dies vielleicht als sekundärdominanten Akkord von G7 betrachten möchtest).

Cmaj7 B7 Em7 A7 Dm7 D7#9 G7

Um den harmonischen Rhythmus alle zwei Schläge in Bewegung zu halten, fügen wir schließlich die Tritonussubstitution von G7 im letzten Takt hinzu.

Cmaj7 B7 | Em7 A7 | Dm7 D7#9 | G7 Db9

Obwohl wir diesen Prozess weiter fortsetzen werden, ist dies ein guter Punkt, um anzuhalten und einige grundlegende Akkorde für die bisherige Entwicklung zu spielen.

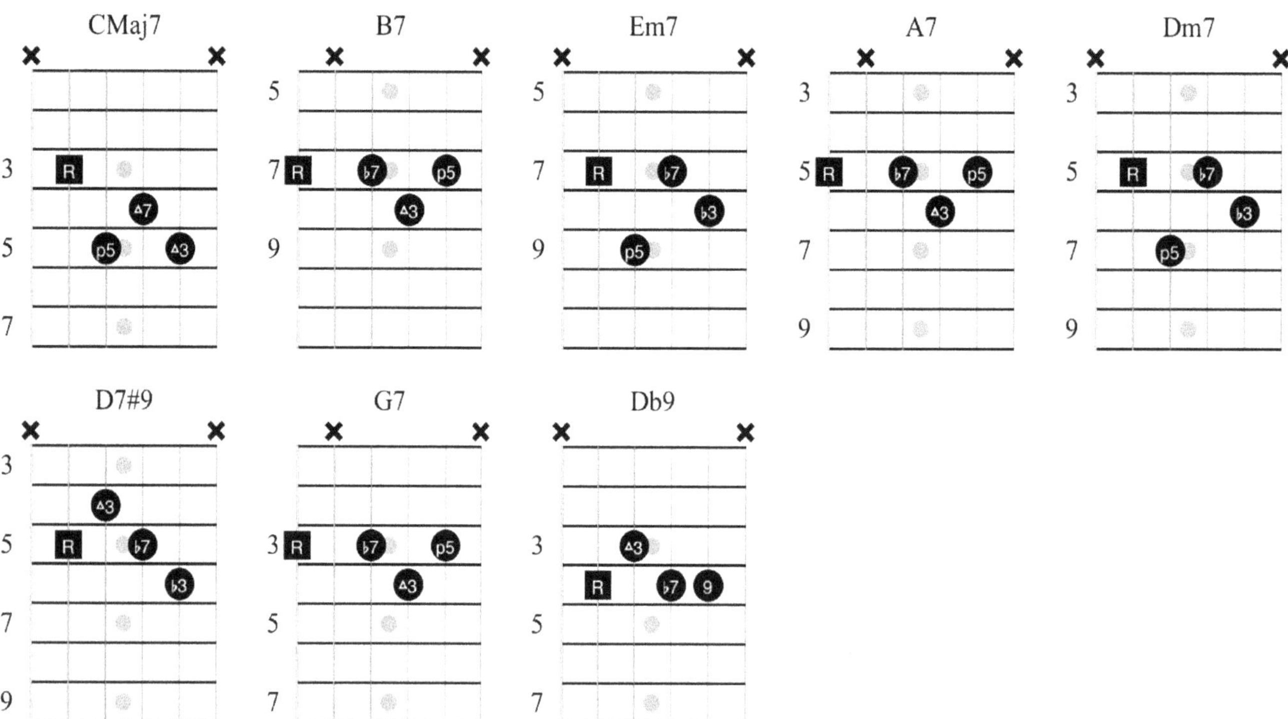


Es ist wichtig, mit diesen „grundlegenden" Akkorden zu beginnen, um ein gutes Gefühl dafür zu bekommen, wie die Sequenz klingt, bevor man Stimmführungstechniken anwendet. Vergleiche diese Sequenz mit dem Original ii V I in C-Dur und du wirst sehen, wie weit du kommen kannst, wenn du verstehst, wie man Substitutionen verwendet.

Wenn du mit dieser Sequenz vertraut bist, beginne, die Möglichkeiten der Stimmführung für verschiedene Saitengruppen zu erkunden. Vergiss nicht, mit Erweiterungen und Alterationen zu experimentieren, wenn du selbstbewusster wirst.

Hier sind nur ein paar Wege durch die Akkordfolge.

**Beispiel 6a:**

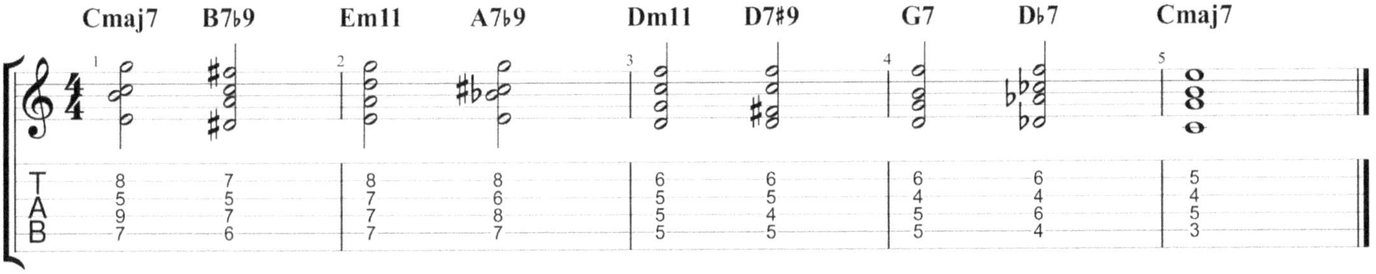

| | Cmaj7 | B7♭9 | Em11 | A7♭9 | Dm11 | D7#9 | G7 | D♭7 | Cmaj7 |
|---|---|---|---|---|---|---|---|---|---|
| T | 8 | 7 | 8 | 8 | 6 | 6 | 6 | 6 | 5 |
| A | 5 | 5 | 7 | 6 | 5 | 5 | 4 | 4 | 4 |
| B | 9 | 7 | 7 | 8 | 5 | 4 | 5 | 6 | 5 |
| | 7 | 6 | 7 | 7 | 5 | 5 | 5 | 4 | 3 |

**Beispiel 6b:**

| | Cmaj6/9 | B9 | Em7 | A7♭5 | Dm7 | D7 | G9 | D♭7 | Cmaj7 |
|---|---|---|---|---|---|---|---|---|---|
| T | 8 | 9 | 10 | 9 | 8 | 8 | 7 | 7 | 7 |
| A | 8 | 7 | 8 | 8 | 6 | 7 | 6 | 6 | 5 |
| B | 7 | 8 | 9 | 8 | 7 | 7 | 7 | 6 | 5 |
| | 7 | 7 | 9 | 7 | 7 | 7 | 7 | 6 | 5 |

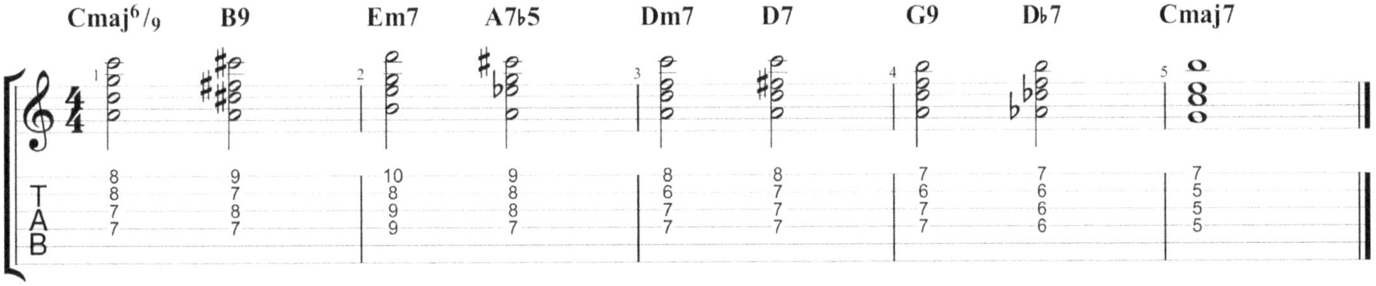

Werfen wir nun einen Blick auf ein paar weitere Substitutionsideen, die hinzugefügt werden können.

Spiele die nächsten Beispiele mit grundlegenden Grundtonpositionsakkorden durch, bevor du die stimmführenden Ideen in jedem Beispiel durcharbeitest. Es ist sehr wichtig, dass du lernst, die Grundbewegung des Akkords zu hören, bevor du die Stimmführungsübungen durcharbeitest. Wenn du kannst, versuche, eine Basslinie aufzunehmen, damit du die folgenden Beispiele üben kannst. Eine starke Basslinie wird dir helfen zu hören, wie jede Stimme im Kontext funktioniert, besonders bei Voicings, die keinen Grundton haben und/oder stark verändert sind.

Ich bin kein großer Fan der beiden D-Akkorde in Takt Drei, ich denke, sie halten die harmonische Bewegung der Akkordfolge zurück, also werde ich hier eine Tritonussubstitution verwenden und das D7 durch ihre b5-Substitution ersetzen, Ab. Ich verwende hier einen „7#11" Akkord, da die #11 von Ab die Note D ist, die im nächsten Akkord zur 5 der G7 wird.

Das Ab7#11 wird auch gut als „grundtonlosen" Ab7b9#11-Akkord funktionieren, obwohl ich ihn hier nicht verwendet habe, da ich dir im folgenden Beispiel zunächst die Grundtonbewegung deutlich zeigen möchte. Wie immer, experimentiere, um zu sehen, welche Erweiterungen für deine Ohren gut klingen. Denke daran, dass die Melodie bei der Auswahl von Substitutionen immer eine Rolle spielt.

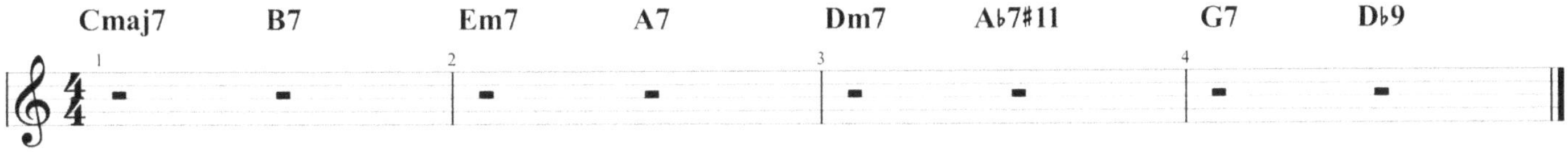

Cmaj7 | B7 | Em7 | A7 | Dm7 | A♭7#11 | G7 | D♭9

**Beispiel 6c:**

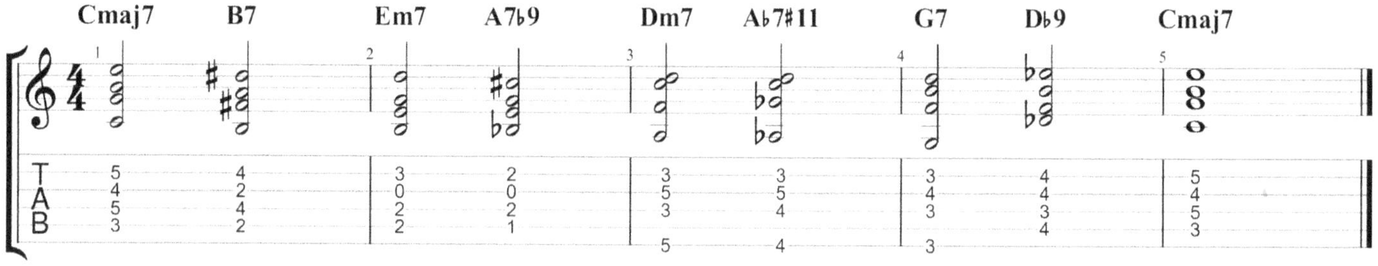

| | Cmaj7 | B7 | Em7 | A7♭9 | Dm7 | A♭7#11 | G7 | D♭9 | Cmaj7 |
|---|---|---|---|---|---|---|---|---|---|
| TAB | 5 4 5 3 | 4 2 4 2 | 3 0 2 2 | 2 0 2 1 | 3 5 3 5 | 3 5 4 4 | 3 4 3 3 | 4 4 3 4 | 5 4 5 3 |

Jetzt werde ich das Em7 durch ein E7#9 ersetzen, wie bereits erwähnt:

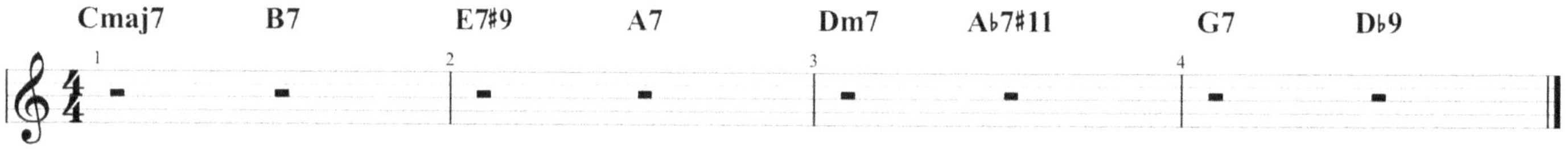

Cmaj7 B7 | E7#9 A7 | Dm7 A♭7#11 | G7 D♭9

**Beispiel 6d:**

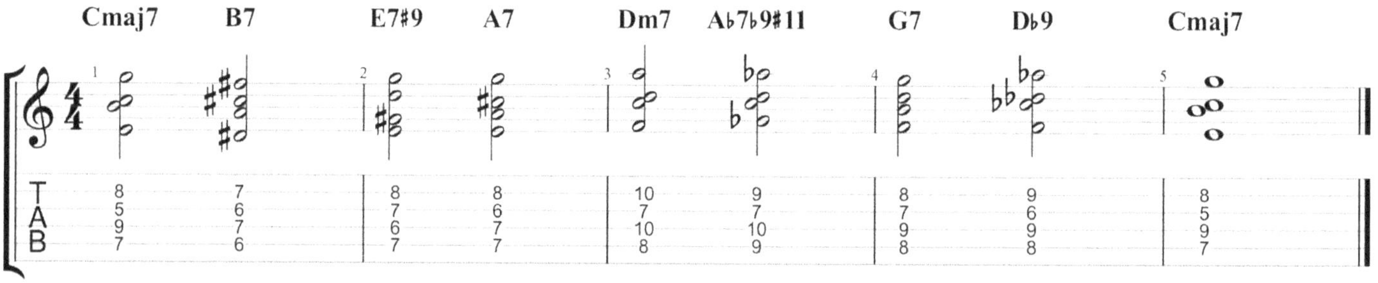

| | Cmaj7 | B7 | E7#9 | A7 | Dm7 | A♭7♭9#11 | G7 | D♭9 | Cmaj7 |
|---|---|---|---|---|---|---|---|---|---|
| TAB | 8 5 9 7 | 7 6 7 6 | 8 7 6 7 | 8 6 7 7 | 10 7 10 8 | 9 7 10 9 | 8 7 9 8 | 9 6 9 8 | 8 5 9 7 |

Als nächstes kann ich den B7-Akkord durch seine Tritonussubstitution (F7) ersetzen:

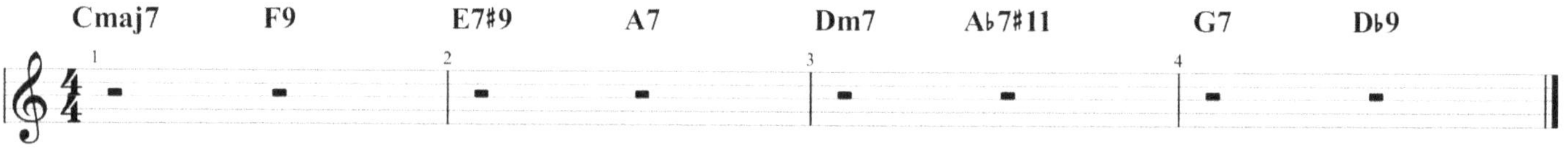

Cmaj7 F9 | E7#9 A7 | Dm7 A♭7#11 | G7 D♭9

**Beispiel 6e:**

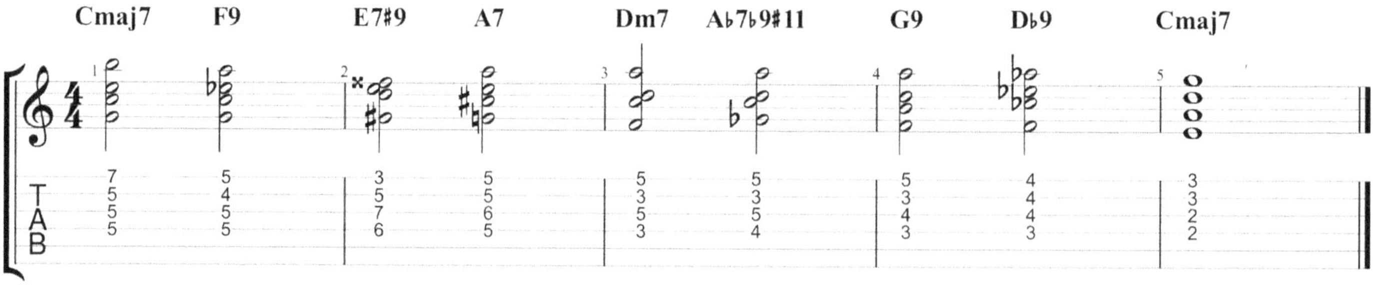

| | Cmaj7 | F9 | E7#9 | A7 | Dm7 | A♭7♭9#11 | G9 | D♭9 | Cmaj7 |
|---|---|---|---|---|---|---|---|---|---|
| TAB | 7 5 5 5 | 5 4 5 5 | 3 5 7 6 | 5 5 6 5 | 5 3 5 3 | 5 3 5 4 | 5 3 4 3 | 4 4 4 3 | 3 3 2 2 |

Um eine chromatisch absteigende Basslinie zu erzeugen, kann ich auch das A7 in Takt Zwei durch seine Tritonussubstitution Eb7 ersetzen:

Cmaj7 F9 E7#9 E♭9 Dm7 A♭7#11 G7 D♭9

**Beispiel 6f:**

Cmaj7 F9 E7 E♭9 Dm9 A♭7♭9#11 G9 D♭9 Cmaj9

Die letzten paar Beispiele zeigen, wie du mit Hilfe von Schritt-für-Schritt-Substitutionen von etwas so Einfachem wie….

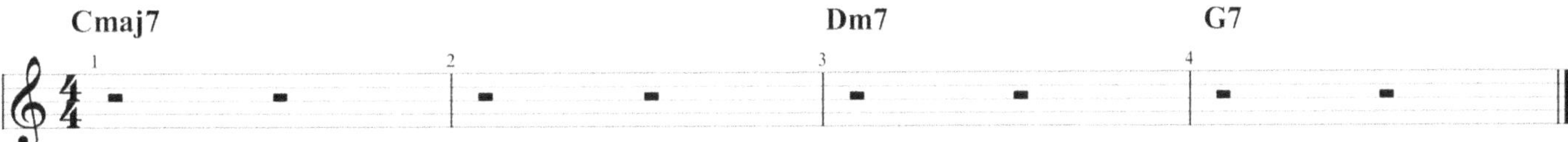


...zu etwas so Interessantem kommst, wie:

Cmaj7 F9 E7#9 E♭9 Dm7 A♭7#11 G7 D♭9

Das Wichtigste ist jedoch, eine gute Stimmführung zu verwenden, wenn man die Akkordfolge durchspielt, sonst können die Ideen ohne Zusammenhalt und unangenehm klingen. Es ist normalerweise durchaus akzeptabel, Erweiterungen und Alterationen an jedem Voicing anzupassen, um den Übergang zwischen den einzelnen Akkordwechseln zu erleichtern.

Denke auch daran, dass viele Dinge vom Kontext abhängen, wie zum Beispiel, in welcher Band oder Besetzung du spielst. Möglicherweise hast du nicht so viel Flexibilität, um diese Art von Substitutionen zu verwenden, wenn du als Gesangsduo arbeitest. Oft müssen Sänger den Grundton im Bass des Akkords hören, und wenn sie nicht sehr talentiert sind, können „ferne“ Substitutionen eine unabwendbare Katastrophe verursachen.

Wenn du anfängst, all diese Substitutionsideen in einer ungeprobten Situation einzusetzen, wirst du vielleicht feststellen, dass du andere Musiker in der Band ablenkst oder störst. Denke daran, dass Substitutionen dich oft von der ursprünglichen Harmonie des Stückes wegbringen können, so dass manchmal Diskussionen und weiteres Proben wichtig werden.

Eine Sache, auf die ich die Schüler immer wieder gerne hinweise, ist, dass „theoretisch möglich" und „musikalisch angemessen" nicht gleichbedeutend sind!

Warum bitte ich dich dann, diese Substitutionen durchzuarbeiten?

Nun, es gibt drei Gründe. Erstens, mit einer gut eingespielten Band und einer guten rhythmischen Platzierung können Substitutionsideen atemberaubend gut klingen. Höre die großen Chord-Melody-Improvisatoren wie Joe Pass, Jim Hall, Wes Montgomery, Kurt Rosenwinkel, Lenny Breau, Barney Kessel und natürlich den erhabenen Ted Greene, um all diese Ideen in Aktion zu hören.

Manchmal genügt eine einzige subtile Substitution, um das Publikum aufhorchen zu lassen.

Der zweite Grund für das Durcharbeiten dieser Substitutionen ist einfach: Übung! In diesem Buch habe ich die Wichtigkeit betont, jedes Voicing als eine Reihe von Intervallen und nicht nur als eine Akkordform zu sehen. Indem man auf diese Weise Substitutionen übt, taucht man in viele verschiedene Akkordtypen ein, die über den gesamten Hals gespielt werden können. Da diese Substitutionen auf jede Akkordfolge angewendet werden können, gibt es viele Akkordpermutationen, die verwendet werden können.

Wenn du mehr und mehr Substitutionen an verschiedenen Melodien durcharbeitest, wird sich deine Intervall- und Akkorderkennung drastisch verbessern, ebenso wie die Geschwindigkeit, mit der du mit interessanten Substitutionen improvisieren kannst.

Der dritte Grund, an diesen Substitutionen zu arbeiten, ist, dir beizubringen, Jazzstandards neu zu harmonisieren und einen Weg in das Chord-Melody-Spiel zu finden. Die Verwendung von Substitutionen ist ein produktiver Weg, um deine eigene Stimme zu finden, wenn du Melodien spielst, die seit über fünfzig Jahren aufgeführt werden.

Ein weiterer wichtiger Einsatz von Substitutionen ist es, uns den Zugang zu Melodienoten zu ermöglichen, die außerhalb der erwarteten Harmonie des Akkords liegen.

Wirf zum Beispiel einen Blick auf die folgende Melodie:

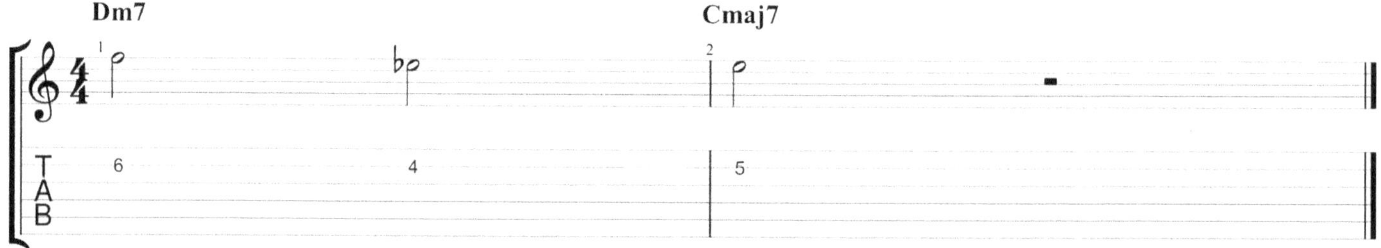


Die Note Eb (D#) liegt außerhalb der diatonischen Tonleiter in der Tonart C-Dur, wie könnten wir also diese Note harmonisieren?

Eine Möglichkeit wäre die Verwendung des sekundärdominanten Akkords von C-Dur, G7. Die Melodienote bildet aus dem Grundton G eine b13/#5, so dass G7#5 eine sinnvolle Wahl ist:

Dm7 G7#5 Cmaj7

Die Note D#/Eb ist die 9 in der Tritonussubstitution von G7 (Db), daher ist Db9 auch eine gute Wahl:

Dm7 D♭9 Cmaj7

Wir können auch den iim7-Akkord vor dem Db9 hinzufügen:

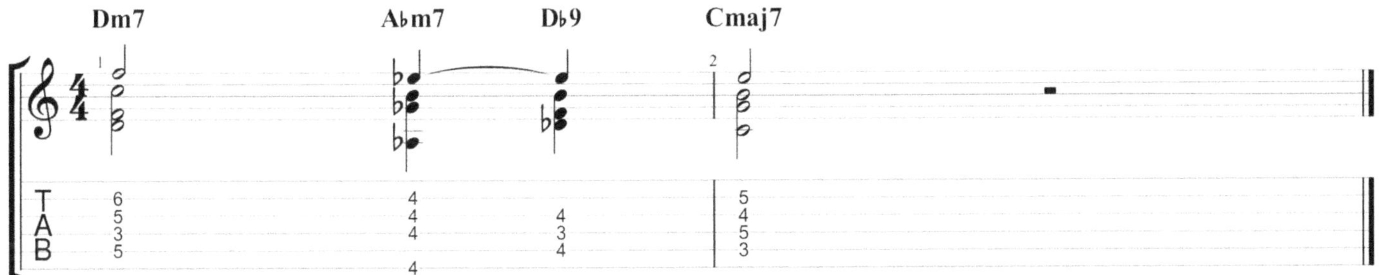


Es ist auch möglich, die ursprüngliche G7#5-Substitution wieder in der obigen Reihenfolge zu kombinieren.

Gute Kenntnisse über Substitutionen können uns helfen, kreative Harmonisierungen für jede unerwartete Melodienote zu finden.

Das Ziel ist es, sich mit den gängigen Substitutionsideen so vertraut wie möglich zu machen, indem du einen Praxisansatz entwickelst, der es dir ermöglicht, Substitutionen zu integrieren. Dies wird deine Freiheit und deine Reflexe auf der Gitarre erheblich verbessern.

# Kapitel Sieben: Weitere Substitutionsübungen

Wir haben in Kapitel Vier gesehen, wie man sekundärdominante Akkorde zu einer harmonisierten Tonleiter C-Dur-Tonleiter hinzufügt, lass uns nun diese Übung auf Tritonussubstitutionen und deren ii-Akkorde erweitern.

Wir werden aus Gründen der Einfachheit in der Tonart C bleiben, obwohl du diese Übung in allen gängigen Tonarten durchführen solltest. Zuerst solltest du dein Gedächtnis über die harmonisierte C-Dur-Tonleiter auffrischen:

Cmaj7 Dm7 Em7 Fmaj7 G7 Am7 Bm7♭5 Cmaj7

| | Cmaj7 | Dm7 | Em7 | Fmaj7 | G7 | Am7 | Bm7♭5 | Cmaj7 |
|---|---|---|---|---|---|---|---|---|
| T | 5 | 6 | 8 | 10 | 12 | 13 | 3 | 5 |
| | 4 | 5 | 7 | 9 | 10 | 12 | 2 | 4 |
| A | 5 | 7 | 9 | 10 | 12 | 14 | 3 | 5 |
| B | 3 | 5 | 7 | 8 | 10 | 12 | 2 | 3 |

Wie bisher werden wir jedem Akkord mit seiner Sekundärdominanten vorausgehen:

| | Cmaj7 | A7 | Dm7 | B7 | Em7 | C7 | Fmaj7 | D7 |
|---|---|---|---|---|---|---|---|---|
| T | 5 | 5 | 6 | 7 | 8 | 8 | 10 | 10 |
| | 4 | 6 | 5 | 8 | 7 | 9 | 9 | 11 |
| A | 5 | 5 | 7 | 7 | 9 | 8 | 10 | 10 |
| B | 3 | | 5 | | 7 | | 8 | |
| | | 5 | | 7 | | 8 | | 10 |

| | G7 | E7 | Am7 | F♯7 | Bm7♭5 | G7 | Cmaj7 |
|---|---|---|---|---|---|---|---|
| T | 12 | 12 | 13 | 2 | 3 | 3 | 5 |
| | 10 | 13 | 12 | 3 | 2 | 4 | 4 |
| A | 12 | 12 | 14 | 2 | 3 | 3 | 5 |
| B | 10 | | 12 | | 2 | | 3 |
| | | 12 | | 2 | | 3 | |

Anstatt jede Sekundärdominante zu spielen, versuche diesmal die *Tritonussubstitution* jeder Sekundärdominante zu spielen. Beginne damit, jede Substitution als „normale“ dominante 7 zu spielen, um den charakteristischen Klang dieser Substitution zu hören.

**Beispiel 7a:**

| | Cmaj7 | Eb7 | Dm7 | F7 | Em7 | Gb7 | Fmaj7 | Ab7 |
|---|---|---|---|---|---|---|---|---|
| T | 5 | 8 | 6 | 10 | 8 | 11 | 10 | 13 |
| | 4 | 6 | 5 | 8 | 7 | 9 | 9 | 11 |
| A | 5 | 8 | 7 | 10 | 9 | 11 | 10 | 13 |
| B | 3 | 6 | 5 | 8 | 7 | 9 | 8 | 11 |

| | G7 | Bb7 | Am7 | C7 | Bm7b5 | Db7 | Cmaj7 |
|---|---|---|---|---|---|---|---|
| T | 12 | 3 | 1 | 5 | 3 | 6 | 5 |
| | 10 | 1 | 0 | 3 | 2 | 4 | 4 |
| A | 12 | 3 | 2 | 5 | 3 | 6 | 5 |
| B | 10 | 1 | 0 | 3 | 2 | 4 | 3 |

Auch hier ist die visuelle Natur der Gitarre unser Feind, denn es ist allzu einfach, einen Dominant-7-Akkord einfach einen Halbton über dem Grundton des folgenden Akkords zu spielen. Es ist sehr wichtig, dass du lernst, dich *nicht* auf diese Methode zu verlassen. Jedes Mal durchläufst du den mentalen Prozess, die Sekundärdominante zu finden und sie dann durch ihren Tritonus zu ersetzen.

Mein mentaler Prozess klingt so:

„Die Dominante von D ist A, die Dominante von A ist Eb" usw.

Nimm hier keine Abkürzung, das wird das Leben auf lange Sicht schwerer machen.

Spiele die neue Sequenz auf jede der in Kapitel Drei beschriebenen Arten durch. Halte die Melodienote auf- oder absteigend und nimm dir die Zeit, diese Folge in begrenzten Bund-Bereichen der Gitarre durchzuspielen. Beispiel 6h zeigt eine Möglichkeit, diese Änderungen in einem begrenzten Bereich auf den oberen vier Saiten durchzuspielen.

**Beispiel 7b:**

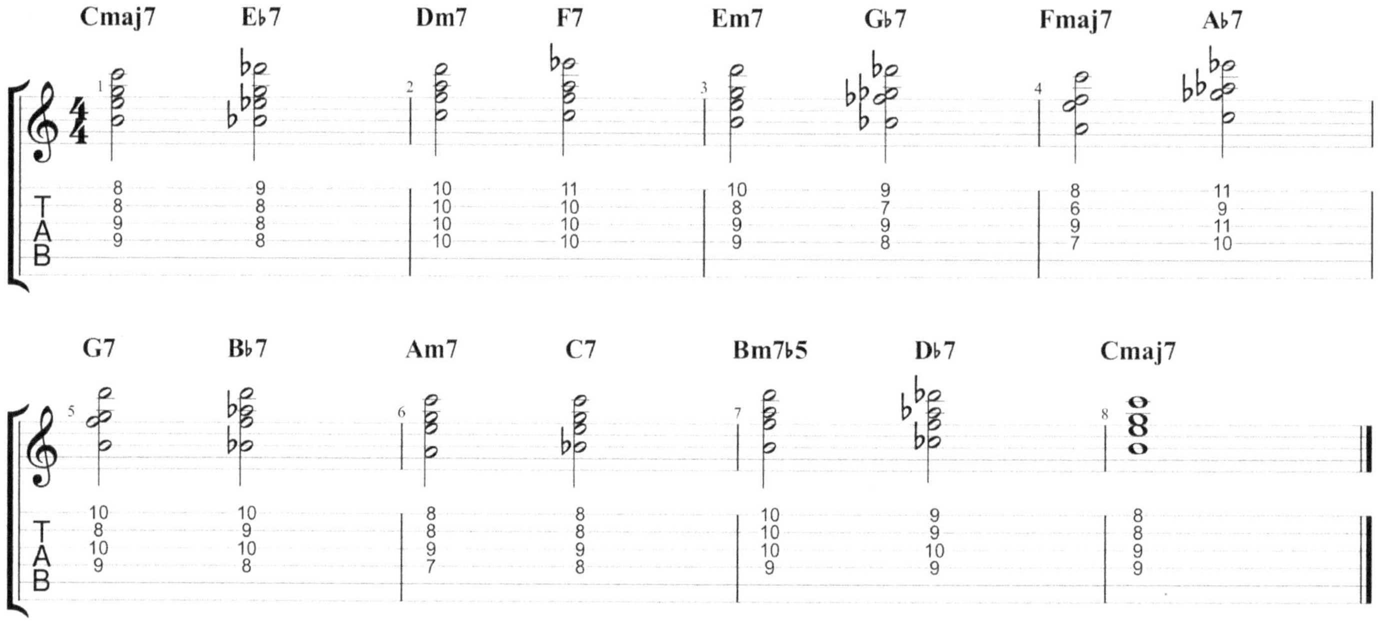

| | Cmaj7 | E♭7 | Dm7 | F7 | Em7 | G♭7 | Fmaj7 | A♭7 |
|---|---|---|---|---|---|---|---|---|
| T | 8 | 9 | 10 | 11 | 10 | 9 | 8 | 11 |
| | 8 | 8 | 10 | 10 | 8 | 7 | 6 | 9 |
| A | 9 | 8 | 10 | 10 | 9 | 9 | 9 | 11 |
| B | 9 | 8 | 10 | 10 | 9 | 8 | 7 | 10 |

| | G7 | B♭7 | Am7 | C7 | Bm7♭5 | D♭7 | Cmaj7 |
|---|---|---|---|---|---|---|---|
| T | 10 | 10 | 8 | 8 | 10 | 9 | 8 |
| | 8 | 9 | 8 | 8 | 10 | 9 | 8 |
| A | 10 | 10 | 9 | 9 | 10 | 10 | 9 |
| B | 9 | 8 | 7 | 8 | 9 | 9 | 9 |

Um die Stimmführung zu glätten, spiele als nächstes jede Tritonussubstitution als 7b9-Akkord, indem du den Grundton durch eine b9 ersetzen.

**Beispiel 7c:**

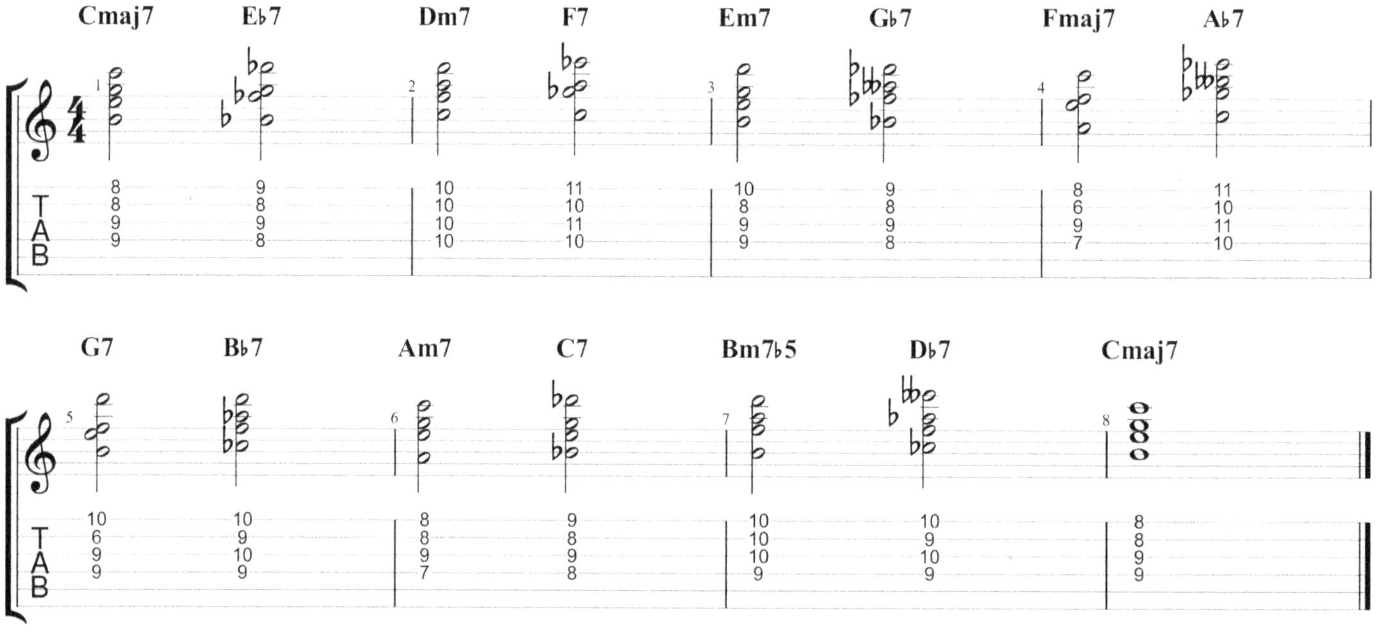

| | Cmaj7 | E♭7 | Dm7 | F7 | Em7 | G♭7 | Fmaj7 | A♭7 |
|---|---|---|---|---|---|---|---|---|
| T | 8 | 9 | 10 | 11 | 10 | 9 | 8 | 11 |
| | 8 | 8 | 10 | 10 | 8 | 8 | 6 | 10 |
| A | 9 | 9 | 10 | 11 | 9 | 9 | 9 | 11 |
| B | 9 | 8 | 10 | 10 | 9 | 8 | 7 | 10 |

| | G7 | B♭7 | Am7 | C7 | Bm7♭5 | D♭7 | Cmaj7 |
|---|---|---|---|---|---|---|---|
| T | 10 | 10 | 8 | 9 | 10 | 10 | 8 |
| | 6 | 9 | 8 | 8 | 10 | 9 | 8 |
| A | 9 | 10 | 9 | 9 | 10 | 10 | 9 |
| B | 9 | 9 | 7 | 8 | 9 | 9 | 9 |

Erstelle deine eigenen Variationen der beiden vorherigen Übungen. Zum Beispiel kannst du jeden diatonischen Akkord als 9 spielen, indem du den Grundton um einen Ton erhöhst, oder du kannst jeder Tritonusdominante eine bestimmte Erweiterung / Alteration hinzufügen. Wenn sich deine Fähigkeiten verbessern, erstelle einen logischen Ansatz zur Kombination dieser Erweiterungen und Alterationen in jedem Akkord. Es kann helfen, eine Tabelle zu erstellen, um deine Trainingszeit zu organisieren. Ein Beispiel, das die Einführung von Nonen untersucht, könnte wie folgt aussehen:

| **Habe jeden diatonischen Akkord gespielt als eine:** | **Jede Tritonussubstitution spielen als eine:** |
|---|---|
| 7. | 7 |
| 7. | b9 |
| 7. | 9 |
| 9. | 7 |
| 9. | 9 |
| 9. | b9 |
| 9. | Alterierte 9 und b9 |

Du könntest dann beginnen, b5 oder #5 in jede Tritonussubstitution einzuführen, oder 13, sowohl in die diatonischen Akkorde als auch in die Tritonussubstitutionen.

Bevor du mit diesen Übungen beginnst, stelle sicher, dass du grundlegende 7-Akkorde in mehreren begrenzten Bund-Bereichen auf der Gitarre spielen kannst, während du verschiedene Voicings und Saitengruppen erkundest. Mach dir nicht allzu viele Gedanken um den Rhythmus, wenn du mit diesen Übungen beginnst – die Priorität liegt immer auf der Stimmführung und der Intervallerkennung.

Lass uns den iim7-Akkord jeder Tritonussubstitution wieder einführen. Denke daran, dass es wichtig ist, sich durch jede Veränderung „denken“ zu können, was mit steigender Anzahl von Substitutionen schwieriger wird.

Spiele zunächst die ii V Tritonussubstitutions-Folge mit Grundstellungsakkorden:

**Beispiel 7d:**

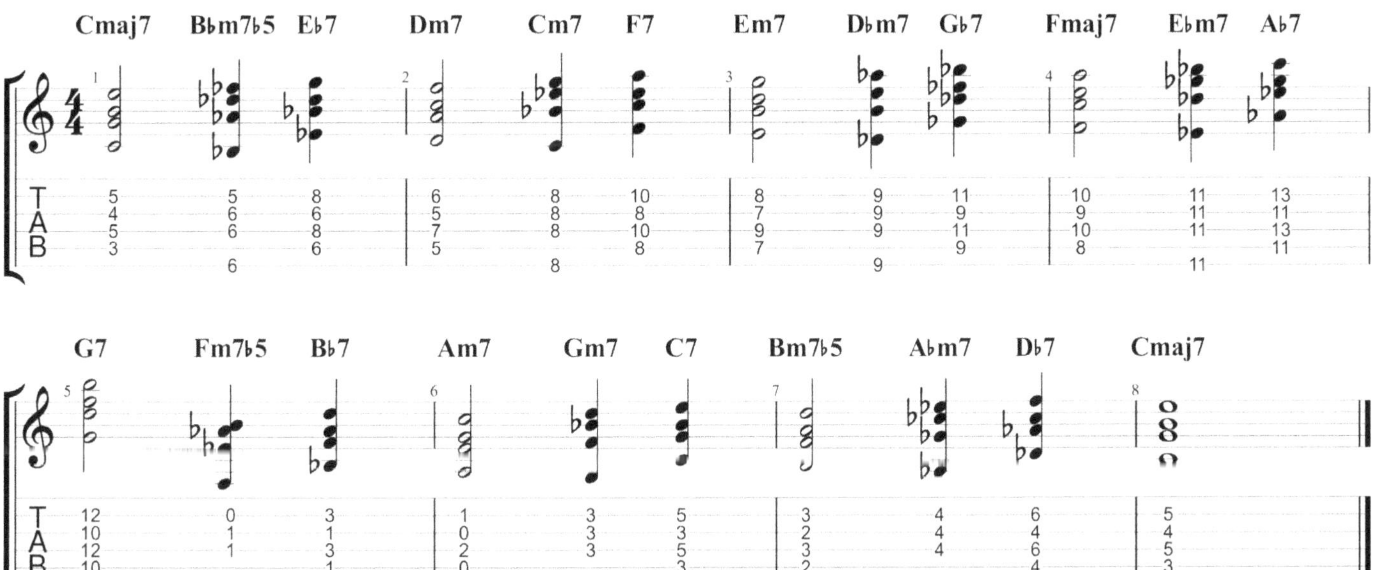


Auch hier kannst du die Stimmführung glätten, indem du Dominant-9-Akkorde anstelle der dominanten 7 auf den Tritonussubstitutionen verwendest, wie wir es in Beispiel 5i getan haben.

Als nächstes arrangiere diese Akkorde mit enger Stimmführung auf Gruppen von vier Saiten. Hier ist ein Weg durch die Änderungen auf den mittleren vier Saiten mit GT-7-Akkorden:

**Beispiel 7e:**

Cmaj7 | B♭m7♭5 E♭7 | Dm7 | Cm7 F7 | Em7 | D♭m7 G♭7 | Fmaj7 | E♭m7 A♭7

G7 | Fm7♭5 B♭7 | Am7 | Gm7 C7 | Bm7♭5 | A♭m7 D♭7 | Cmaj7

Arbeite die obige Folge in verschiedenen Bereichen der Gitarre mit Gruppen von vier Saiten durch, bevor du die in der obigen Tabelle vorgeschlagenen Erweiterungen und Alterationen hinzufügst.

Lass uns schließlich das vorherige Beispiel überarbeiten, um Erweiterungen und Alterationen einzubinden, so dass wir die Stimmführung noch weiter glätten können.

**Beispiel 7f:**

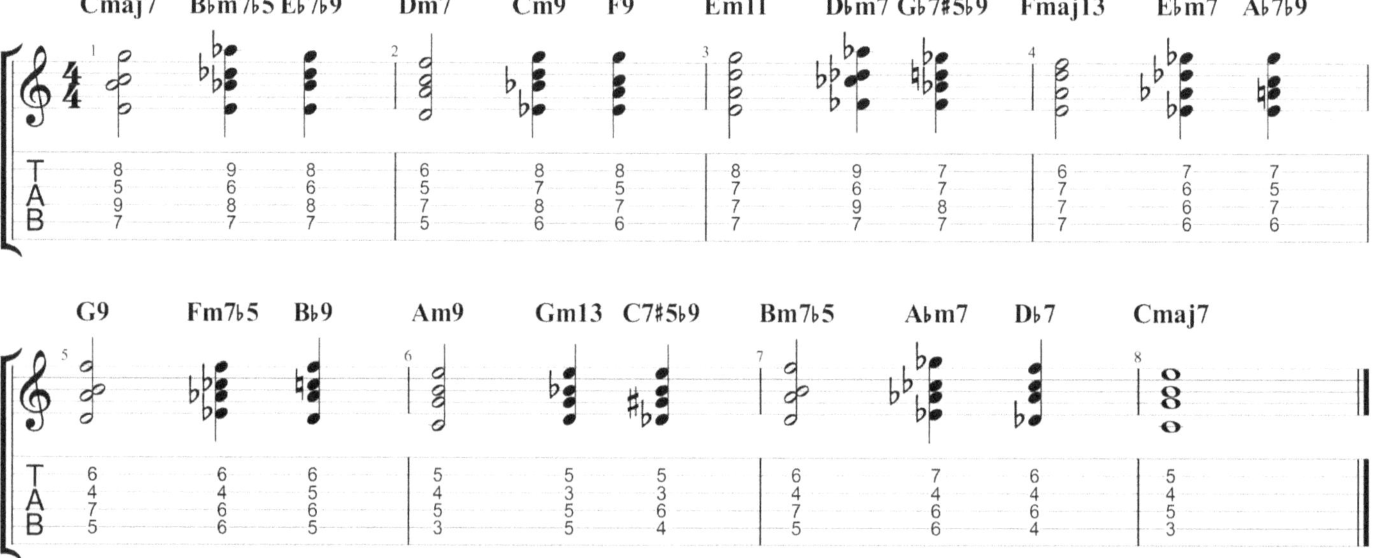

Nimm dir Zeit, um zu überlegen, warum jede Erweiterung oder Alteration verwendet wurde und finde so viele Wege wie möglich um diese Entwicklung herum. Nimm einen organisierten Ansatz für das Hinzufügen von Erweiterungen und Alterationen, wie du es bereits gesehen hast, obwohl du immer besonders vorsichtig sein solltest, wenn du 13. zu Moll-Akkorden hinzufügst. Dein Ohr sollte der Richter sein.

Beachte, dass ich sowohl eine iim7b5 - V als auch eine iim7 - V verwendet habe, wenn ich in den Takten Eins bis Drei Akkorde nach m7 auflöse. Diese Entscheidungen haben für meine Ohren gut funktioniert, aber du kannst eine andere Meinung haben. Erkunde diese Ideen so gut wie möglich, aber denke daran, dass die Entscheidung in der Praxis immer darauf ankommt, welche Noten in der Melodie enthalten sind.

Verbringe so viel Zeit wie möglich damit, in begrenzten Griffbrettbereichen zu arbeiten, und überlege immer, welche Intervalle für jeden Akkord verfügbar sind, wo du sie spielen sollst und welche Stimmführung sie zwischen den einzelnen Akkorden bieten.

## Weitere Übungsideen

Die folgenden Ideen werden dir helfen, dein Studium der Stimmführung mit Sekundärdominanten, Tritonussubstitutionen und ihren iim7-Akkorden zu erweitern. Diese Liste ist keineswegs vollständig und wird viele fleißige Monate an Übung erfordern.

- Wiederhole die diatonischen Tonleiterübungen in diesem Buch in allen gängigen Jazztonarten: Bb, Eb, C, G und F.
- *Steige* durch die harmonisierte Dur-Tonleiter *ab*, indem du a) Sekundärdominanten, b) Tritonussubstitutionen, c) ii-Akkorde vor a) und b) verwendest.
- Wiederhole alle Übungen in diesem Buch mit der harmonisierten Harmonisch-Moll Tonleiter.
- Wiederhole alle Übungen mit der harmonisierten Melodisch-Moll Tonleiter.
- Füge sekundärdominante Akkorde zu chromatisch aufsteigenden/absteigenden tonalen Zentren hinzu. Zum Beispiel Eb7 - E7 - F7 oder Eb7 - Em7 - Fm7. Halte die Stimmführung so eng wie möglich.

Das Wichtigste, was du mit diesen Ideen machen kannst, ist, sie auf echte Melodien anzuwenden. Übe sie mit deiner Band und probiere so viele Ideen wie möglich aus. Wenn du keine Band hast, versuche, eine Basslinie aufzunehmen oder ein Looper-Pedal zu verwenden, damit du immer eine starke, regelmäßige Basslinie hören kannst, wenn du Substitutionen mit enger Stimmführung ausprobierst. Wenn du mehr als einen Track aufnehmen oder loopen kannst, versuche, sowohl die Basslinie als auch die Melodie zu spielen, damit du den tatsächlichen musikalischen Effekt einer von dir getroffenen Substitutionsentscheidung hören kannst.

Während du übst, denke daran, dass Alterationen, Erweiterungen und Substitutionen eingeführt werden sollten, um die Stimmführung zwischen aufeinanderfolgenden Akkorden zu glätten. Wenn es eine Tonbewegung zwischen einem Akkord und dem nächsten gibt, versuche, eine Substitution oder Alteration zu finden, die es dir ermöglicht, diese Bewegung in einen Halbton zu verwandeln oder ganz zu entfernen.

Wir haben in den letzten Kapiteln viele theoretische Konzepte behandelt, aber die wichtigste Regel ist, dass die Melodie immer zuerst kommt. Selbst wenn du das Gefühl hast, dass etwas „technisch“ richtig ist, wenn es die Melodie schlecht klingen lässt, verwende es nicht.

# Kapitel Acht: Anwendung

In diesem Kapitel werden wir viele der in diesem Buch vorgestellten Techniken zusammenfassen und sie auf einen Teil eines neuen Stücks, „Some of The Things You Are“, anwenden. Die Harmonie dieses Songs basiert auf den Akkordwechseln zu „All The Things You Are“.

Die Akkorde in den ersten acht Takten dieser Melodie sind:

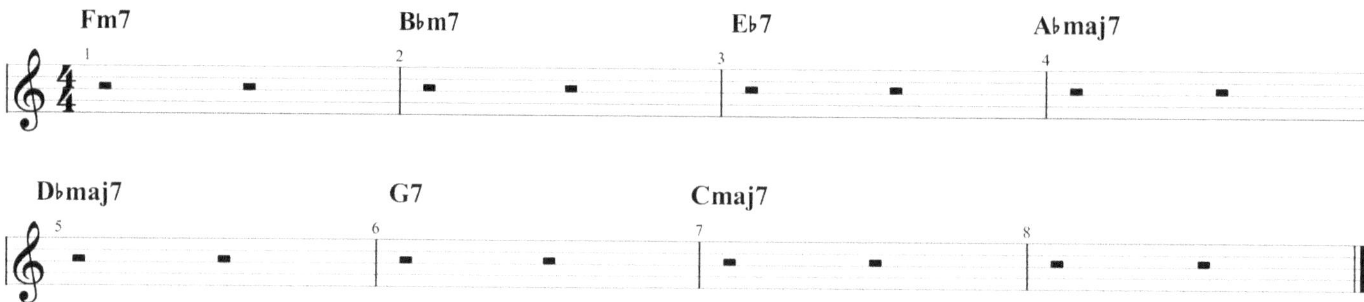


Diese wenigen Takte sind voll von Substitutionsmöglichkeiten, aber lass uns zunächst einen Blick auf ein paar Möglichkeiten werfen, diese Akkordfolge auf der Gitarre zu spielen.

**Beispiel 8a:**

| 1 Fm7 | 2 B♭m7 | 3 E♭7 | 4 A♭maj7 | 5 D♭maj7 | 6 G7 | 7 Cmaj7 | 8 |
|---|---|---|---|---|---|---|---|
| 9 | 9 | 8 | 8 | 6 | 6 | 8 | 5 |
| 8 | 6 | 6 | 5 | 5 | 3 | 5 | 4 |
| 10 | 8 | 8 | 6 | 6 | 5 | 9 | 5 |
| 8 | 8 | 6 | 6 | 4 | 5 | 7 | 3 |

**Beispiel 8b:**

| 1 Fm7 | 2 B♭m7 | 3 E♭7 | 4 A♭maj7 | 5 D♭maj7 | 6 G7 | 7 Cmaj7 | 8 |
|---|---|---|---|---|---|---|---|
| 4 | 4 | 3 | 3 | 4 | 1 | 3 | 7 |
| 4 | 2 | 2 | 1 | 2 | 2 | 1 | 5 |
| 5 | 3 | 3 | 1 | 5 | 4 | 4 | 5 |
| 3 | 3 | 1 | 1 | 3 | 3 | 2 | 5 |

Fügen wir nun einige Erweiterungen und Alterationen hinzu, damit die Stimmführung reibungslos funktioniert.

**Beispiel 8c:**

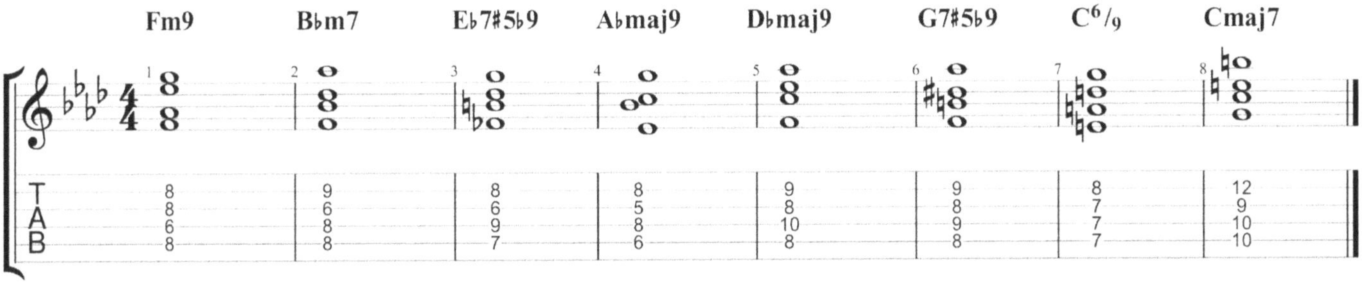

Fm9 B♭m7 E♭7#5♭9 A♭maj9 D♭maj9 G7#5♭9 C6/9 Cmaj7

**Beispiel 8d:**

Fm7 B♭m9 E♭13 A♭maj7 D♭maj7 G7♭9 Cmaj7 C6/9

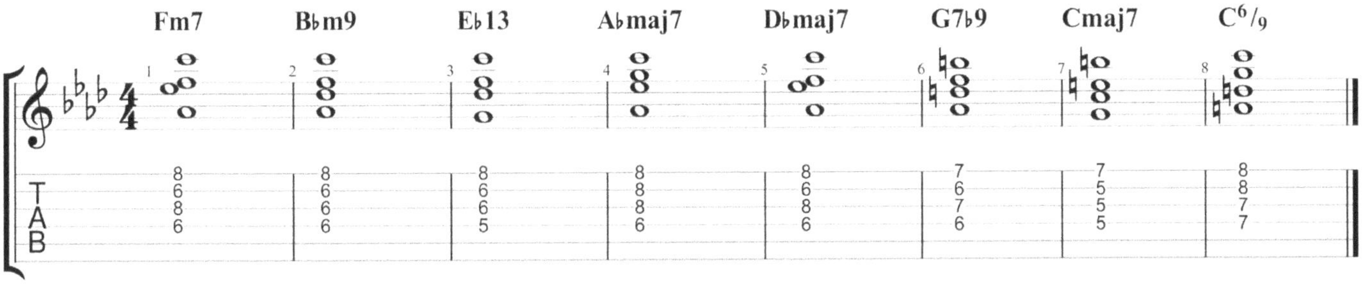

Natürlich gibt es viele Möglichkeiten, diese Akkorde zu spielen, und inzwischen weißt du, wie du diese Optionen nutzen kannst. Lies in Kapitel Drei, wenn du weitere Möglichkeiten benötigst, diese Folge zu üben. Suche weiter nach den besten Möglichkeiten, diese Akkorde zu spielen und experimentiere mit verschiedenen Spannungen auf den dominanten Akkorden. Die obigen Beispiele kratzen kaum an der Oberfläche.

Lass uns die Melodie vorerst ignorieren und einige mögliche Substitutionen betrachten, die über diese Akkordfolge verwendet werden könnten.

Wir beginnen mit dem Hinzufügen von sekundärdominanten Akkorden, bei denen es noch keine V7-I-Bewegung gibt:

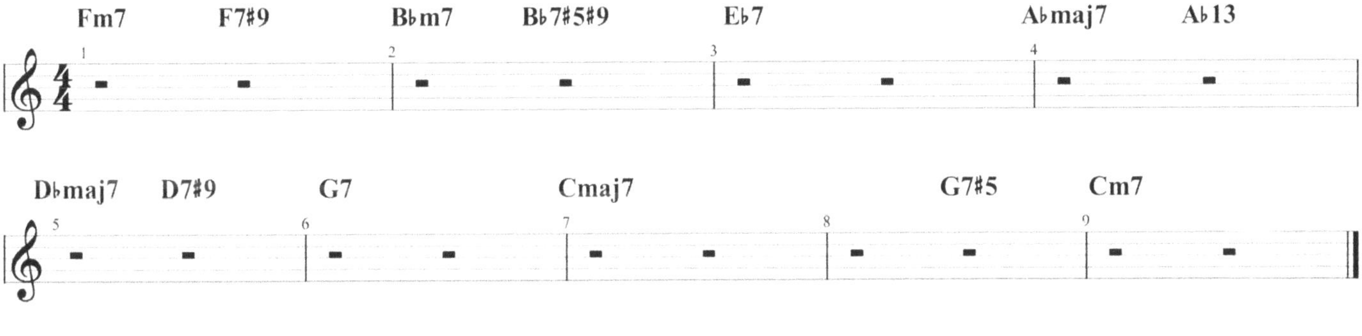

Fm7 F7#9 B♭m7 B♭7#5#9 E♭7 A♭maj7 A♭13

D♭maj7 D7#9 G7 Cmaj7 G7#5 Cm7

Ich habe den Cm7-Akkord in Takt Neun aufgenommen, um die mögliche Verwendung des sekundärdominanten G7#5 in Takt Acht zu zeigen.

Die obige Sequenz könnte mit einfachen Voicings wie folgt wiedergegeben werden. In den meisten „statischen" Akkorden habe ich zwei Voicings desselben Akkords verwendet, um etwas Interesse zu wecken.

**Beispiel 8e:**

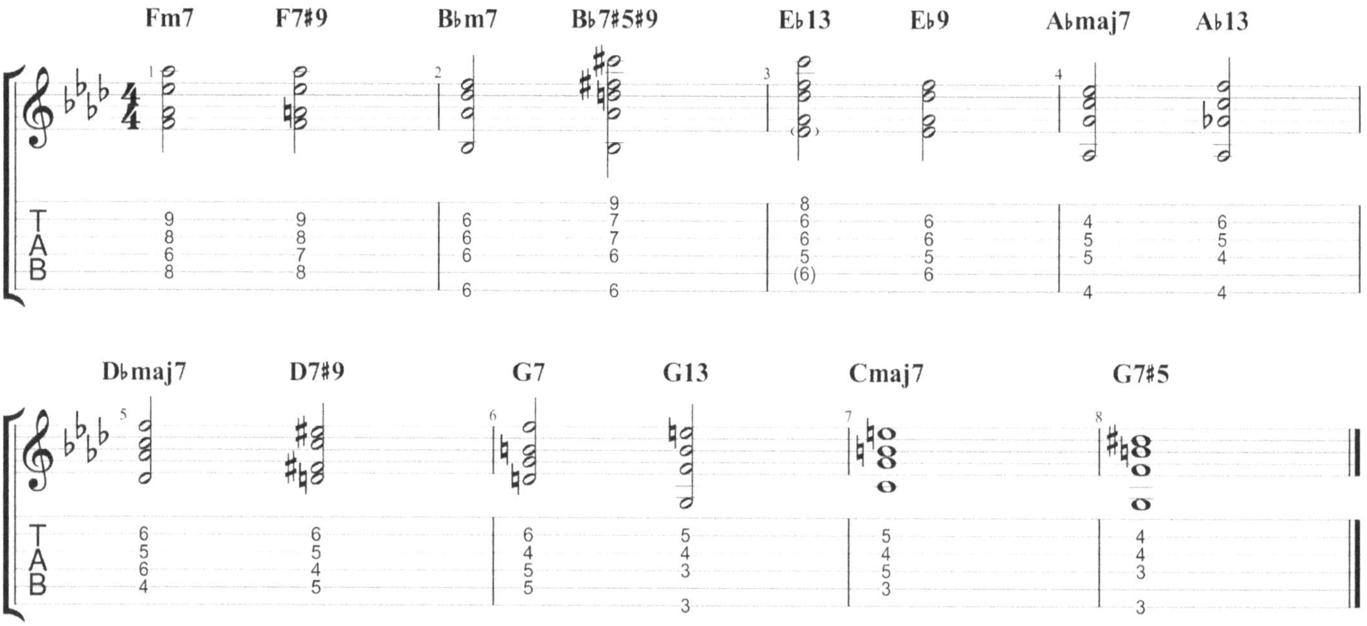

Fm7 F7#9 Bbm7 Bb7#5#9 Eb13 Eb9 Abmaj7 Ab13

Dbmaj7 D7#9 G7 G13 Cmaj7 G7#5

Mach dir keine Gedanken um die Stimmführung, aber finde ein paar Möglichkeiten, diese Sequenz zu spielen, um ein Gefühl dafür zu bekommen, wie die zwischendominanten Akkorde die Harmonie beeinflussen.

Als nächstes fügen wir dieser Sequenz einige Tritonussubstitutionen hinzu. Wir können b5 (Tritonus) Substitutionen entweder auf den sekundärdominanten Akkorden oder den ursprünglichen dominanten Akkorden (Eb7 und G7) spielen.

Denke daran, dass eine echte Tritonussubstitution nur dann stattfindet, wenn ein *dominanter* Akkord durch einen anderen *dominanten* Akkord in b5 Entfernung ersetzt wird.

Sieh dir Takt Eins an. Wir können eine Tritonussubstitution verwenden, um den (dominanten) F7#9 zu ersetzen, aber wir wären normalerweise nicht in der Lage, einen zu verwenden, wenn der Akkord ein Fm7 wäre, da er kein Dominant-7-Akkord ist.

Mit diesen Substitutionen könnten wir die obige Sequenz folgendermaßen ändern:

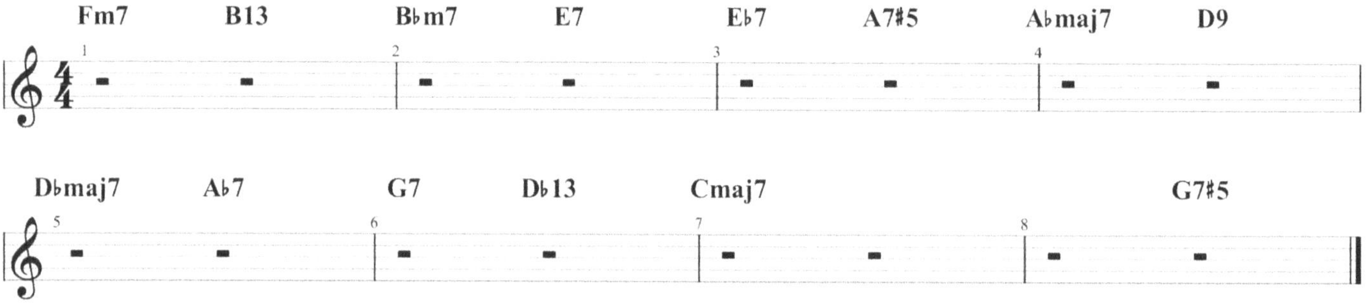

Fm7 B13 Bbm7 E7 Eb7 A7#5 Abmaj7 D9

Dbmaj7 Ab7 G7 Db13 Cmaj7 G7#5

Diese Akkorde können wie folgt als Grundstellungs-Voicing gespielt werden:

**Beispiel 8f:**

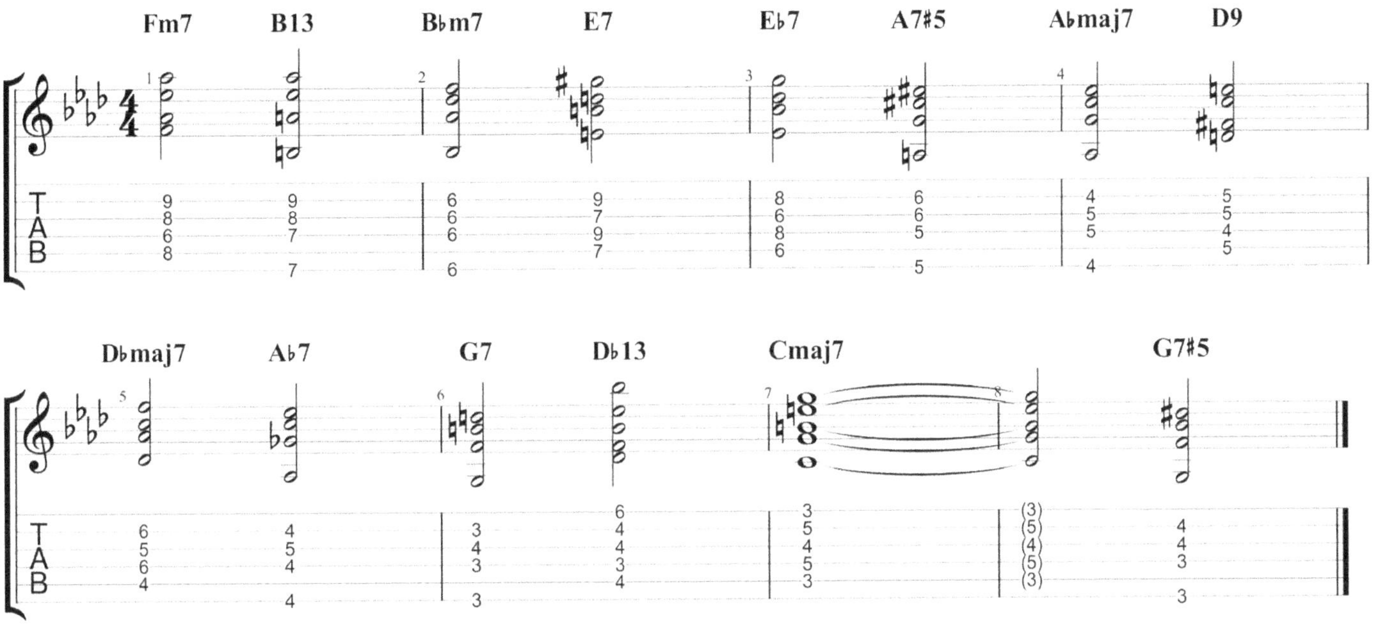

Fm7 B13 B♭m7 E7 E♭7 A7#5 A♭maj7 D9

D♭maj7 A♭7 G7 D♭13 Cmaj7 G7#5

Die nächste Stufe ist, einige ii-Akkorde hinzuzufügen. Denke daran, diese Akkorde können die ii des ursprünglichen Akkords sein, oder sie können die ii der Tritonussubstitution sein.

Diese Substitutionen können auch *zusätzlich* oder *anstelle* des ursprünglichen V-Akkords gespielt werden.

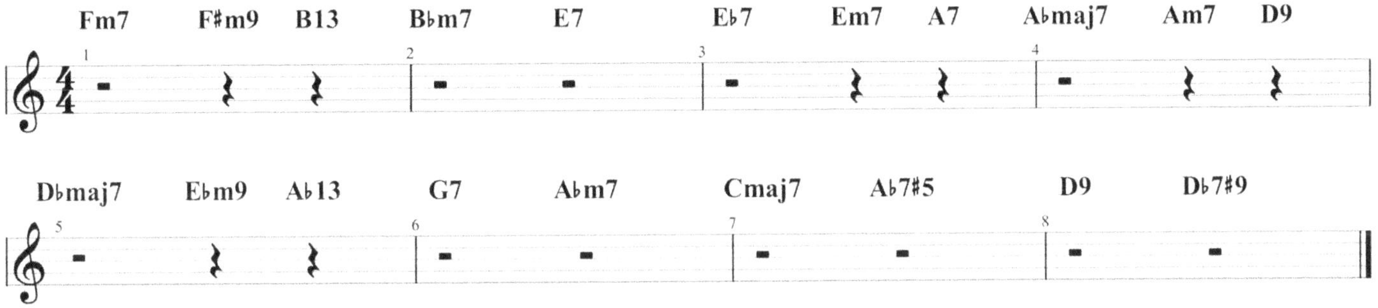

Fm7 F#m9 B13 B♭m7 E7 E♭7 Em7 A7 A♭maj7 Am7 D9

D♭maj7 E♭m9 A♭13 G7 A♭m7 Cmaj7 A♭7#5 D9 D♭7#9

Ich habe mir zwei Schläge von Takt Sieben „geliehen", um mich D9 mit ihrer Tritonussubstitution (Ab) zu nähern, um einen Turnaround zu Cm7 in Takt 9 zu schaffen.

Spiele die Folge auf die diese Weise durch und finde auch neue Wege, um diese Akkorde zu spielen.

**Beispiel 8g:**

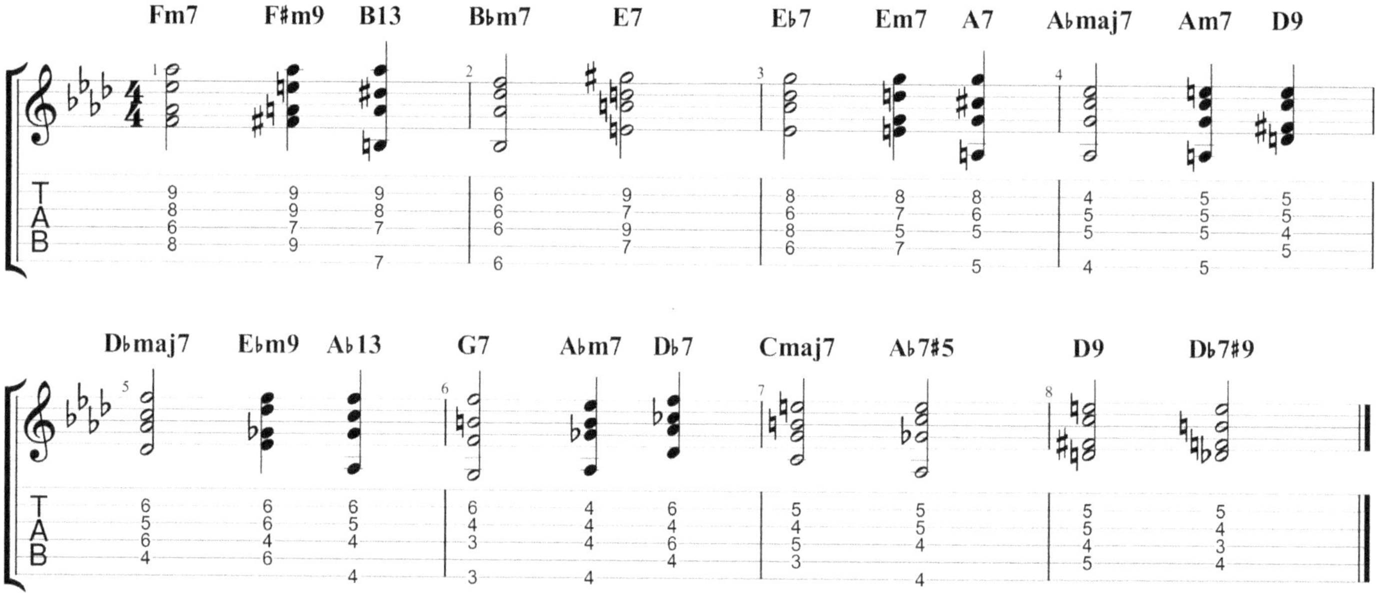


Das vorherige Beispiel zeigt nur eine Möglichkeit, Substitutionen für diese Änderungen zu verwenden, obwohl es natürlich möglich ist, Sekundärdominanten ohne Tritonen und ii-Akkorde mit den vorherigen Ideen zu kombinieren.

So könnten beispielsweise die ersten Takte dieser Folge beliebig kombinierbar wie folgt gespielt werden. Die Tritonussubstitution wird in Takt Eins verwendet, und eine einfache Sekundärdominante wird in Takt Zwei verwendet. (Bb7b9 funktioniert hier gut).

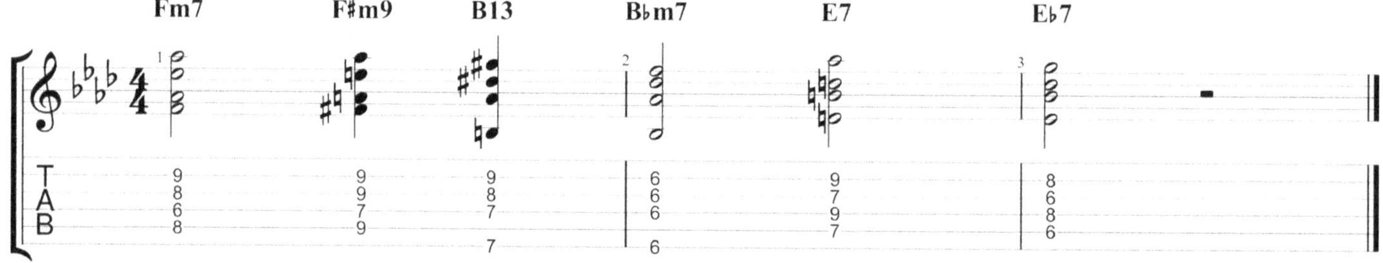


Du kannst durch einfaches Ausprobieren lernen. Vertraue bei der Auswahl deinen Ohren, um deine Lieblingsarrangements zu finden.

Lass uns nun Beispiel 8g mit schöner Stimmführung auf vier Saiten arrangieren. In den folgenden Beispielen habe ich Erweiterungen und Alterationen nach Belieben verwendet, um die Stimmführung zu glätten.

Eine Möglichkeit, diese Entwicklung zum Ausdruck zu bringen, ist unten dargestellt:

**Beispiel 8h:**

Fm11 F#m9 B7 Bm7 E7 E♭7 Em7 A7 A♭maj7 Am7 D9

D♭maj7 E♭m9 A♭13 G7 A♭m7 D♭7 Cmaj7 A♭7#5#9 D9 D♭7#9

Finde andere Wege um diese Folge herum, indem du schöne Stimmführungen auf anderen Saitengruppen und in anderen Bereichen der Gitarre verwendest.

Eine wesentliche Überlegung bei jeder Substitution ist immer die Melodie des Stückes in jedem Takt. Wenn sich deine Reharmonisierungsfähigkeiten verbessern, wirst du lernen, Melodienoten schnell zu berücksichtigen, wenn du Akkorde ersetzt, obwohl es im Moment wahrscheinlich nützlicher ist, den Schritt-für-Schritt-Prozess zu durchlaufen, den ich in diesem Buch gezeigt habe, und dann nach Konflikten zu suchen, die du möglicherweise anpassen musst.

Besorge dir ein Real Book und schau dir die Melodie für „All the Things You Are“ an. Achte insbesondere auf die Melodie in Takt 4. Wenn wir die Melodie zu „All the Things You Are“ über die im vorherigen Beispiel geschriebenen Änderungen spielen würden, könnte das G in Takt Vier eine „interessante“ Spannung über dem D9 erzeugen. Es könnte sich lohnen, an dieser Stelle einen D9sus4- oder D11-Akkord zu spielen, um den Konflikt zu vermeiden, aber experimentiere, um zu sehen, was du bevorzugst.

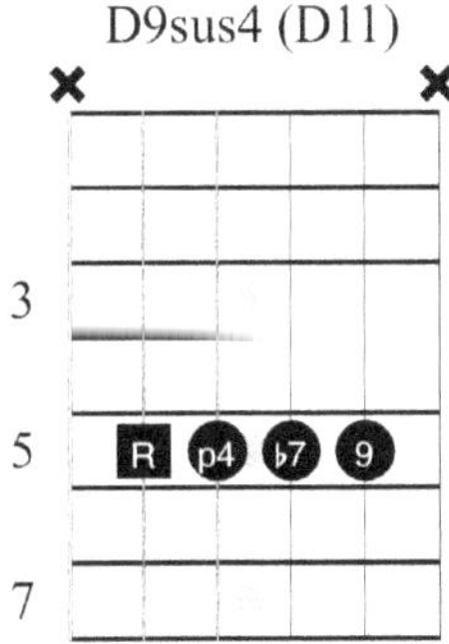


Achte immer auf die Melodienote und das Intervall, in dem sie sich gegenüber allen von dir verwendeten Substitutionen bildet. Während du übst, wirst du natürlich anfangen, Substitutionsideen mit guter Stimmführung zu kombinieren. Diese Akkord-Ideen, gepaart mit einem ausgeprägten Melodiebewusstsein, werden deine Jazz-Rhythmus-Gitarren-Parts rund, interessant und musikalisch machen.

Der Schlüssel zum Aufbau von Fähigkeiten im Bereich Stimmführung ist das Experimentieren und logische Lernen. Verweise auf die Voicing-Ideen in Kapitel Drei, um dir zu helfen, deine Übungsroutine zu organisieren und Intervalle einzuführen, die du vielleicht vorher nicht berücksichtigt hast.

# Fazit und weiteres Studium

Die Konzepte in diesem Buch sind recht fortgeschritten und gehen weit über das normale Akkordrepertoire eines durchschnittlichen Konzertgitarristen hinaus. Diese Techniken sind jedoch im Jazz und in der modernen klassischen Musik alltäglich. Jede Substitutionsidee ermöglicht uns den Zugang zu interessanten und aufregenden Harmonien, während der wesentliche und grundlegende Aspekt der Stimmführung die Schaffung von reibungslosen, flüssigen Rhythmus-Gitarrenparts ermöglicht.

Die Ideen in diesem Buch sind wie folgt zusammengefasst:

- Übe, so wenig Noten wie möglich zwischen den Akkorden zu bewegen.
- Verwende Erweiterungen und Alterationen, um Voicing-Bewegungen zu eliminieren oder zu reduzieren.
- Jedem Akkord kann man sich durch eine Sekundärdominante nähern.
- Tritonussubstitutionen können bei funktionellen Dominanten verwendet werden, einschließlich Sekundärdominanten.
- Tritonussubstitutionen und Sekundärdominanten können durch ihren ii-Akkord behandelt werden.
- Melodie geht vor! Passe die Substitutionen an, um Konflikte mit der geschriebenen Melodie zu vermeiden.

Während die Verwendung von Akkord-Voicings und Substitutionen von der Spielsituation abhängen kann (bist du in einem Gesangsduo? Gibt es einen Bass? Was spielt das Klavier?), sollte die Arbeit an der Stimmführung beim Üben oberste Priorität haben. Die Übung, eine Stimme zu führen und die Tonbewegungen zwischen den einzelnen aufeinanderfolgenden Akkorden zu begrenzen, hilft uns schnell, den Gitarrenhals in Form von Intervallen zu sehen. Das Vertrauen, das mit dieser Übersicht einhergeht, kann nicht unterschätzt werden. Während die anfängliche Ausübung der Intervallerkennung schwierig und zeitaufwendig ist, ist der Nutzen für unser Spiel und unsere Musik fast unbeschreiblich.

Bald können wir anfangen, mit Harmonie zu improvisieren, indem wir Akkordqualitäten und Texturen so auswählen, wie ein Maler eine Farbe aus einer Palette auswählt. Wenn wir den Hals sofort in Form von Intervallen um einen Grundton herum sehen, wird die Fülle jeder möglichen Farbe verfügbar.

Dieses Niveau an Übersicht und Fähigkeiten erfordert viel Arbeit, und es wird ein lebenslanges Studium werden, aber die möglichen Ergebnisse werden dich von jedem anderen Gitarristen unterscheiden.

Um die Voicing-Ideen in diesem Buch zu üben, wende sie einfach auf deine bevorzugten Jazzstandards an und sei gründlich in deinem Studium. Wenn du die Struktur eines Songs verinnerlichst, *wirst* du Akkordverbindungen finden, von denen du nicht wusstest, dass sie existieren.

Beginne mit einer der vier Umkehrungen einer bestimmten Akkordstruktur (Drop 2, Drop 3, etc.) und spiele die Sequenz mit den nächstmöglichen GT-7-Voicings ab, um deine Überoutine zu organisieren. Als nächstes führe einfache Erweiterungen und Alterationen ein, um zu untersuchen, ob eine Note von einem Akkord zum nächsten bewegt werden kann. Ziel ist es, nur eine oder zwei Noten zwischen den Akkorden zu bewegen.

Verwende Tritonussubstitutionen auf den vorhandenen funktionalen dominanten Akkorden und schau dann, wie das Hinzufügen ihrer ii-Akkorde die Stimmführung beeinflusst. Als nächstes solltest du logischerweise andere Substitutionsmöglichkeiten durcharbeiten, beginnend mit Sekundärdominanten, um zu sehen, wie sich diese auf die Harmonie auswirken, bevor du noch einmal schaust, ob es angebracht ist, ihre ii-Akkorde hinzuzufügen.

Denke daran, dass m7-Akkorde oft durch 7#9-Akkorde ersetzt werden können, was dann eine weitere Tritonussubstitution ermöglicht.

Führe abschließend eine Melodieprüfung durch, um festzustellen, ob deine neue Akkordfolge mit der Originaltonart des Songs funktioniert. Wenn sie nicht zur Melodie passt, nimm die notwendigen Anpassungen vor.

Wenn sich deine Fähigkeiten in der Stimmführung und Reharmonisierung verbessern, wirst du natürlich anfangen, einen „Melodie zuerst"-Ansatz zu verfolgen, indem du jede Erweiterung, Alteration und Substitution wählst, um die Melodie direkt zu ergänzen und zu verbessern.

Dieser Grad des Bewusstseins braucht eine Weile, bis er sich entwickelt, also schlage ich vor, dass du die obigen Schritte durcharbeitest, um dich mit den Grundtechniken vertraut zu machen und deinem melodischen Bewusstsein zu erlauben, sich natürlich zu entwickeln. Es hilft enorm, wenn du die Melodie des Songs in- und auswendig kennst, also stelle sicher, dass du die Melodie auf verschiedenen Bereichen des Griffbretts auswendig spielen kannst.

Um dir zu helfen, den Song auf den Gitarrenhals zu legen, ist es oft sinnvoll, eine Melodie- und Bassversion des Songs zu spielen. Spiele die Basslinie auf den unteren beiden Saiten der Gitarre und spiele die Melodie auf den höheren Saiten. Es mag ein paar schwierige Griffe geben, aber das hilft wirklich, die Struktur des Songs zu verinnerlichen und zu verhindern, dass man sich verirrt. Du wirst auch immer wissen, was die Melodie-Note über jedem Akkord ist.

Dieses Buch ist der Ausgangspunkt für ein freudvolles, lohnendes und lebenslanges Studium von Voicings und Harmonisierung auf der Gitarre. Es wird deine musikalischen Fähigkeiten und dein Verständnis für das Instrument erheblich verbessern.

Viel Erfolg und viel Spaß!

*Joseph*

www.ingramcontent.com/pod-product-compliance
Lightning Source LLC
Chambersburg PA
CBHW081434090426
42740CB00017B/3305

* 9 7 8 1 7 8 9 3 3 1 1 3 4 *